北大版中国文化通识教育书系

中国文化概说

沈振辉 编著

北京大学出版社
PEKING UNIVERSITY PRESS

图书在版编目(CIP)数据

中国文化概说/沈振辉编著. —北京：北京大学出版社，2011.1
(北大版中国文化通识教育书系)
ISBN 978-7-301-18020-4

Ⅰ.中… Ⅱ.沈… Ⅲ.①汉语—对外汉语教学—教材②文化史—中国
Ⅳ.①H195.4②K230

中国版本图书馆 CIP 数据核字(2010)第 214931 号

书　　　　名：中国文化概说
著作责任者：沈振辉　编著
责 任 编 辑：宋立文(slwwls@126.com)
标 准 书 号：ISBN 978-7-301-18020-4/G·2991
出 版 发 行：北京大学出版社
地　　　　址：北京市海淀区成府路 205 号　100871
网　　　　址：http://www.pup.cn
电　　　　话：邮购部 62752015　发行部 62750672　出版部 62754962
　　　　　　　编辑部 62752028
印　　刷　者：北京大学印刷厂
经　　销　者：新华书店
　　　　　　　730 毫米×980 毫米　16 开本　14.25 印张　185 千字
　　　　　　　2011 年 1 月第 1 版　2013 年 11 月第 2 次印刷
印　　　　数：3001—5000 册
定　　　　价：38.00 元

未经许可，不得以任何方式复制或抄袭本书之部分或全部内容。
版权所有，侵权必究
举报电话：010-62752024　电子信箱：fd@pup.pku.edu.cn

前　言

中国文化与西方文化、印度文化并称世界文化的三大体系，在这三大文化体系中，中国文化是唯一自远古时代开始一直延续至今没有中断的文化。中国文化记录了中华文明的发展轨迹，蓄积了中华民族丰富的智慧和经验。它不仅属于中国，也是整个人类社会的宝贵财富。在古代，中国文化曾长期领先于世界，对世界文明的进步做出过卓越的贡献。当前，随着中国综合国力的提高，中国在世界上的影响日益重要，中国文化在国内外越来越受到关注。

20世纪80年代以来，中国国内出现了"文化热"，出版了大批介绍和研究中国文化的书籍，其中有些书是专以论述中国文化的概貌为旨归的。这些书籍给读者了解中国文化提供了方便，然而，它们的篇幅一般都较长，内容也较繁复。本书也是论述中国文化概貌的，但与其他同类书相比，本书的特点是全面、简洁、精要，全书虽然总共才十万余字，但却涵盖了中国文化的整个体系，其中既有对中国文化的综述，也有对文化的各个组成层面的剖析，所述内容突出重点，要而不繁。

本书的编排体例采用历史和逻辑相结合的方式，无论在文化的综述部分还是在文化各个组成层面的分述部分，都首先交代历史的发展线索，然后用逻辑的方法对所述部分的内容、特征及其与其他文化领域的相互影响展开论述；书中注重文化的整体性和各个门类之间的联系，突出中国文化的基本精神对文化的存在和发展的影响；书中还注意把文化传统与现实生活加以联系，引导读者历史地辩证地看待传统文化，开掘传统文化的现代意义。

本书的内容与文字尽量考虑通俗易懂，书中不采用大段引用文献的办法,对于难以避免的引述和文化类的专用名词则详加注释,同时还注意避免使用生僻冷傲的字词。总之,本书的编撰思路为:要尽量做到内容翔实、条理清晰、文字简朴、说理透彻。

本书可供对中国文化感兴趣的具有中等及中等以上文化程度的读者,特别是大学生及高中生阅读,从中获得中国文化的入门基本知识,并可以此为向导,进一步扩展阅读中国文化的其他书籍。本书还可给具备中等以上汉语水平,希望深入学习和了解中国文化的外国人,包括在中国接受大学文科本科学历教育的留学生学习,使他们对中国文化的整体风貌和基本精神有所了解。此外,本书也可用作对外汉语教师的文化类教学参考书。

本书是一本综合性的文化概述性著作,在编写时,参阅了大量的文献资料和相关的文化类著作,广泛借鉴和吸收了前人的研究成果,在此向他们表示衷心的敬意和感谢。本书末尾附的主要参考书目,可以作为一份书单,为读者进一步扩展阅读提供方便。

本书从选题、编写到出版自始至终得到北京大学出版社的大力支持,特别是责任编辑宋立文为本书的审校倾注了大量的心血,使本书得以修改完善。在此特表谢忱。

由于作者的学力不足,书中可能存在欠缺之处,恳请读者给予批评指正。

沈振辉

目录

第一章　中国文化界说 / 1

第一节　文化的含义 / 1
第二节　中国文化和中国传统文化 / 5
第三节　中国文化的特点 / 7

第二章　中国文化的生成背景 / 11

第一节　中国文化依托的地理环境 / 11
第二节　中国文化植根的经济基础 / 13
第三节　中国文化形成的社会结构 / 17

第三章　中国文化的发展历程 / 22

第一节　中国文化的源头 / 22
第二节　中国文化的历史分期 / 24

第四章　中国的传统思维方式 / 40

第一节　中国传统思维方式的形成 / 40

第二节 中国传统思维的模式 / 42

第三节 中国传统思维方式的价值 / 49

第五章 中国的传统伦理道德 / 52

第一节 传统伦理道德的发展历程 / 52

第二节 传统伦理道德的主要内容 / 56

第三节 传统伦理道德在中国文化中的

地位和作用 / 65

第六章 中国的语言文字 / 68

第一节 汉语是中国文化的语言代表 / 68

第二节 汉语的文化映射 / 71

第三节 汉字的形成和发展 / 75

第四节 汉字的文化意蕴 / 84

第七章 中国的古代典籍 / 88

第一节 丰富的古代典籍 / 88

第二节 古书形式的演变 / 94

第三节 文化知识与古籍阅读 / 97

第八章 中国的传统文学 / 104

第一节 中国传统文学的发展历程 / 104

第二节 中国传统文学的文化特征 / 119

第九章 中国的传统艺术 / 123

第一节 中国的书画艺术 / 123

第二节　中国的园林艺术 / 130

第三节　中国的戏曲表演艺术 / 135

第四节　中国传统艺术的文化精神 / 139

第十章　中国的传统民俗 / 144

第一节　中国民俗的产生背景 / 144

第二节　民俗在文化中的地位及其分类 / 150

第三节　中国民俗的特点和社会作用 / 152

第十一章　中国的传统宗教 / 159

第一节　中国传统宗教的概况 / 159

第二节　中国传统宗教的特点 / 167

第三节　中国传统宗教对文化的影响 / 169

第十二章　中国的传统教育 / 176

第一节　中国古代的学校教育 / 176

第二节　中国传统教育的文化印记 / 181

第三节　中国传统教育思想的精华 / 186

第十三章　中国的传统科学技术 / 190

第一节　中国古代科学技术的成就 / 190

第二节　中国传统科技的特征 / 197

第三节　中国传统科技在近代落伍的社会原因 / 199

第十四章　中国文化与中国的现代化 / 202

第一节　外来文化的融入与中国文化的变革 / 202

第二节　关于中国文化发展的论争 / 206

第三节　传统文化在现代化建设中的作用 / 211

主要参考书目 / 216

第一章 中国文化界说

文化是人类社会的一种复杂现象,要学习中国文化,首先需要弄清楚什么是文化,知道中国文化和中国传统文化的基本概念,并了解中国文化的特点。

第一节 文化的含义

在现代社会中,"文化"是一个联系面极广的词,诸如"旅游文化"、"节日文化"、"交通文化"、"建筑文化"、"服饰文化"、"饮食文化"、"茶文化"、"酒文化"、"礼仪文化"、"婚姻文化"、"企业文化"、"校园文化"、"城市文化"等带有"文化"的词层出不穷。可以说,"文化"渗入社会的每一时期、每一角落,人们无时无刻不在接触文化,和文化打交道。

然而,汉语中的"文化"一词在中国古代并没有那么丰富的内涵。中国古代的"文化"两字最早是分开使用的,西汉时,学者刘向[①]第一次把两字合在一起。他在《说苑·指武》篇中说:"圣人之治天下也,先文德而后武力。凡武之兴,谓不服也,文化不改,然后加

[①] 刘向(约前77—前6)　西汉末学者。

中国文化概说

刘向

诛。"这句话的意思是用文、武两种手段来治理天下，其中的"文化"意为"文治教化"，即用礼仪道德来教育感化人民。刘向之后，"文治教化"成为中国古代人对"文化"的最通常的认识。

汉语"文化"的现代概念是在19世纪末由日文转译西文而来。在西方，"文化"一词最早源于拉丁文Cultura，这个词有耕种、居住、练习、注意等多重意义。拉丁文是英、法、德等西方文字的源头，后来，英文、法文的Culture、德文的Kultur都保留了拉丁文的某些含义，并在此基础上有所发展，逐渐从耕种、培育庄稼引申为对人的心灵、知识、性情、风尚的培育。19世纪中叶，西方兴起人类学、社会学、民族学等新学科，"文化"一词成为这些学科的重要术语而被广泛应用。1871年，英国学者泰勒在《原始文化》一书中首次对文化下了一个定义，他说："文化是一个复杂的整体，包括知识、信仰、艺术、道德、法律、风俗，以及人类在社会里所获得的一切能力和习惯。"泰勒的定义第一次提出了文化的整体概念，在文化研究方面开了先河，因而影响巨大。泰勒之后，有关文化的定义不断涌现。1952年，美国学者克鲁伯和克拉克洪统计，从1871年至1951年，学术界出现的文化定义共计有164种。他们将这些定义区分为描述性的、历史性的、规范性的、心理性的、结构性的、遗传性的六大类，但是，这些归纳并没有结束文化定义的研究，1951年之后，又有许多新的文化定义在源源不断地产生。

泰勒以来的众多文化定义尽管存在许多歧义，但每一种文化定义的出现，都为文化理论的研究作出了贡献。两个多世纪以来，随着研究的深入，人们对文化的认识已逐步加深。现在人们普遍认为：文化不是自然的存在物，而是人类社会的产物；文化不是先天遗传的，而是后天习得的；文化不是某一个人私有的，而是社会共有的；文化不是静止不动的，而是随时变化发展的；文化不是固守一地的，而是可以传播交流的。人们为了更好地理解文化，还创造了一些概念来界定文化，使之较有系统和条理。下面是一些对文化的常见的界定：

一、"广义文化"和"狭义文化"

"广义文化"和"狭义文化"对文化的认识有宽狭的区别。"广义文化"也称"大文化"，认为文化是人类创造的所有的物质文明和精神文明的总和，是一种对文化的宽泛的理解。"狭义文化"也称"小文化"，认为文化应特指人类的精神文明，如哲学、宗教、教育、历史、文学、艺术等，这是对文化的一种狭义的理解。

"广义文化"和"狭义文化"虽有区别，但两者也有内在的联系，因为，人类精神文明的发展历程是与物质文明交织在一起的，精神文明的创造必须在满足衣食住行等物质生存条件后才能进行；同时，人类的物质文明也都凝聚着智慧，实际上是精神文明外在的物质表现。比如，一件出土陶器是古代物质文明的遗存，但是，陶器的形状、用途和上面的线条、图案却是当时人们的生活观念和审美观念的反映，属于精神文明的表现。此外，陶器的制作技术表现着特定时代的生产力水平。

有些学者认为，"广义文化"的结构用物质文明和精神文明两项表示显得过于简单，主张将"广义文化"分为物质的、制度的、精神的三个层面。其中，物质层面指人类的物质生产活动及其产品；制度层面指人类创造的社会环境、社会组织、社会规范和风俗习惯；精神层面指人类基于精神生活的需要而产生的政治、法律、道德、哲学、文学、艺术、教育、宗教等领域的精神产品，包括人在社会实践中形成的思维方式、价值观念、道德情操、审美情趣、宗教信仰等。

二、文化的外显模式和内隐模式

有些学者将文化分成外显和内隐两种模式进行研究，认为语言、哲学、历史、法律、艺术、宗教、风俗、社会制度、行为规范等以文字符号或人的具体行为表现的是文化的外显模式；而思维方式、价值观念、情感取向等积淀在人的意识深处的东西属于文化的内隐模式。文化的外显模式和内隐模式在文化系统中是互相交叉、互相渗透的。

三、文化的核心部分和边沿部分

在文化结构中，物质文化、制度文化和精神文化处于不同的层次。物质文化是整个文化的基础，在文化结构体系中处于相对边沿的位置；精神文化属于文化结构体系最核心的部分；制度文化在中间，是精神文化和物质文化联系的中介。文化的三个层次中，精神文化位于文化的核心，有着相对稳固的地位，当面临外来文化的挑战时，精神文化往往固守阵地，不肯轻易被改变，制度文化的变易比精神文化相对容易些，而物质文化最易发生变化。轿子、马车被汽车取代，就是物质文化变化的一个实例。物质文化的变化可以改变制度文化和精神文化，当物质文化飞跃发展时，制度文化和精神文化必将出现深刻的变化。因此，从根本上说，物质文化的水平将影响并最终决定制度文化和精神文化。但反过来说，制度文化和精神文化也会对物质文化的发展产生巨大的制约力。

第二节　中国文化和中国传统文化

中国文化指中华民族在形成、发展的历史长河中创造的民族文化的总和。中国是一个多民族国家，其中，汉族人口占绝大多数。汉族在先秦[①]时代称华夏族，汉朝之后繁衍发展，称为汉族。在漫长的历史进程中，华夏族——汉族与周边民族不断交往、融合，发展成为中国境内的主要民族。华夏族——汉族之所以能不断融合周边民族繁衍发展，是因为华夏文化和汉文化在古代处于较先进的地位，对周边民族影响很大。但是，华夏文化和汉文化在发展中也曾吸收融合了许多其他民族的文化，特别是那些融入华夏族和汉族的民族的文化被华夏文化和汉文化同化吸收。另一方面，中国历史上的少数民族发展过程中也对华夏族和汉族的文化有所吸收，并保持自己的文化特色。今天的中国，除汉族以外有55个少数民族，从汉族和这55个少数民族文化的历史演进来看，无论汉族还是少数民族的文化都有你中有我、我中有你的成分，不像有些国家的土著文化和外来民族的文化有截然区别。在中国，汉族和少数民族都是自古以来就生活在同一地域的主人，汉族和其他民族间有着强大的文化联系纽带，这是后来形成"中华民族"这样一个民族共同体的最重要的基石。"中华民族"的名称是在20世纪初出现的，这一名称的出现顺应千百年来中国大地上各民族间文化联系的必然趋势，也符合中国文化的实际状况。因此，中国文化也可称作中华民族文化。当然，由于汉民族是中华民族的主体民族，汉文化在中国文化中居有主流地位。

中国文化有着绵延数千年的历史传承，从时间轴向看，中国文化应当包括古代文化、近代文化和现代文化。其中，中国古代文化又

[①] 先秦　秦统一之前的中国上古历史时期，主要有夏、商、西周、春秋、战国几个阶段。

称中国传统文化。中国传统文化虽然来自古代，但是在近现代社会，传统文化并没有完全消失。例如，中国的饮食近现代以来受到西餐和其他外来饮食的影响，但是，千百年来形成的中国传统饮食文化依然根深蒂固，中国菜不仅在国内，而且在国外受到普遍欢迎。又如，中国画及中国民族音乐有独特的艺术表现方式和审美情趣，与近代以来流行于中国的西洋画和西洋音乐相比毫不逊色。再如，中国的中医药学在世界上独树一帜。近代以来，西医在中国得到迅速发展，然而，中医继续受到广大中国人的欢迎，与西医一起担负着医疗的重任。中国菜、中国画、中国民乐、中医药的根基都属于传统文化，即便在今天，人们仍把它们作为传统文化在现代社会中继续活跃的象征。饮食、绘画、音乐、医药属于文化的外显成分，比较容易观察到，相对而言，文化内隐部分的传承表现不是那么显明。中国近现代社会变化剧烈，外来的思想文化大量传入中国，传统的思想文化在社会变革中一再受到批判，这对中国人的精神世界产生了巨大的影响。然而，近现代的历史发展证明，传统文化对中国人的思维方式、价值观念、情感取向等精神深处的文化意识仍有相当大的作用。

传统文化是中国文化之根，它给中国文化带来的基因始终影响和伴随着文化的发展。中国当代社会中，传统文化仍然有很强的生命力，在继续"活着"。当然，传统文化也不是一成不变的，在漫长的历史长河中，传统文化有扬弃，有变异，也有发展，当代中国文化即是在传统文化的基础上发展而来的。由于传统文化的历史演进和中国文化发展的全部历程是同步的，由于传统文化在现代社会中仍然有活力，由于传统文化又是建设当代中国文化的重要基石，因此，学者在讲到中国传统文化时，往往直接冠以中国文化的名称。本书讲述的传统文化即是直接以中国文化为名。

第三节　中国文化的特点

世界上不同民族的文化因受各自的地理、历史和其他社会因素的影响，有着不同的特点。如果把中国文化放在世界文化的历史中进行考察和比较，可以发现其有如下的特点：

一、中国文化有极强的生命延续力

中国文化是世界上最古老的文化之一，而且在发展历程中从未出现过断层，这在世界文化史上是十分罕见的。在世界上古时代，埃及、巴比伦、印度、中国，以及希腊、罗马属于文明发达最早的国家和地区。然而，除了中国之外，其他几个世界早期文明在发展进程中都出现了断层，它们或是被其他系统的文化所代替，或是在间隔一段相当长的历史时期后，才得以重新恢复和发展。另据英国历史学家汤因比研究，近六千年以来，世界上出现过26个人类文明形态，其中只有中国文明是唯一长期连续发展而未中断的文明。

导致人类历史上文化发展断裂的最常见原因是外族的入侵。中国历史上虽然也曾发生过北方游牧民族的大规模入侵，但是并未发生文化的断裂。中国文化历经沧桑，却始终传承不绝，表现出极强的生命延续力。

二、中国文化有内在的包容会通精神

中国文化善于吸收、调和不同的文化元素，用于丰富和完善自己。早在春秋战国时期，诸子百家就互相争鸣，但又互相吸收。后来，儒、道、佛三家长期并存，更体现中国文化独特的兼容并蓄精神。

中国文化对于外来文化有很强的包容吸纳能力。以古代传入的外来宗教来说，就有佛教、伊斯兰教、基督教等多种。其中来自印度的

中国文化概说

佛教对中国社会产生广泛影响，但是它并未动摇中国文化的独立性，而中国文化经过对佛教长期的吸收、融合，最终将其转化为中国化的佛教。中国文化对于佛教的吸纳过程表明，中国文化对于外来文化，不是简单地将其包容，而是能以自身文化为主体，将外来文化的元素整合于自己的文化系统中，充实和丰富自己。这是中国文化能历经千年，始终延续的内在奥秘。

三、中国文化是一统与多元并存的

中国文化呈现出一统与多元并存的格局。所谓"一统"是指文化的主体归属是一致的，所谓"多元"是指文化的个体色彩存在差异。中国文化从整体来看是一个统一体，但是其内部有着诸多差异。以古代的学术思想为例，中国的儒学在春秋战国时已号称"显学①"，西汉时，武帝采纳董仲舒②的建议，"罢黜百家，独尊儒术"，从这之后直至清朝末年的两千多年间，儒学一直居于正统的地位，然而，在儒学为尊的时代里，道家、法家等其他学术思想仍然存在，它们和后世传入的佛学共同构成古代学术思想的多元局面；又如，中国的汉字自秦始皇统一文字之后，开始走上统

董仲舒

---

① 显学　著名的学说流派。
② 董仲舒（前180—前115）　西汉儒学大师。

一、规范的道路，但几千年来，汉语的书写样式虽然一致了，各地方言却仍然五花八门；再如，中国的饮食在世界上享有盛誉，从世界饮食文化的角度看，中国饮食的烹调方式与西餐等国外饮食有很大不同，是一个独特的饮食体系，然而，中国各地的饮食风味实则是大不相同的，因此，中国菜肴有"八大菜系①"的说法。

四、中国文化是崇尚伦理的文化

中国文化特别重视伦理道德，讲究父子、兄弟、君臣等人伦关系，强调群体互助、社会和谐。数千年来，伦理道德深入民众的意识，左右着人们的社会心理和行为规范。中国文化的各个层面，都有伦理道德在起支配性的作用。如，政治上主张"以德治国②"、文学突出"教化"功能、史学强化"善恶褒贬③"作用、教育提倡"德育为先"、人生价值追求"重义轻利④"等。由于伦理道德可作为理解中国文化的主要线索，为此，中国文化常被人称作伦理型的文化。

中国文化的伦理特征产生于以血缘关系为纽带的古代宗法制度⑤。中国上古时代，在由氏族社会进入国家形态时，血缘纽带没有充分解体，从而形成独特的宗法制度，以及以宗法血缘关系为中心的伦理

---

① 八大菜系　中国各地由于气候、地理、历史、物产及饮食风俗等不同而形成了不同的地方风味菜肴。其中影响较大的有八个，它们是：鲁（山东）、苏（江苏）、川（四川）、粤（广东）、浙（浙江）、闽（福建）、徽（安徽）、湘（湖南）菜，称作"八大菜系"。

② 以德治国　用道德教育来感化民众的思想和行为，达到治理国家的目的。

③ 善恶褒贬　褒贬，表扬和批评；表扬善的批评恶的。

④ 重义轻利　"重"，看重，重视；"轻"，看轻，鄙视；"义"，公正、合理而应当做的；"利"，利益，好处。

⑤ 宗法制度　由氏族社会父系家长制演变而来，它把宗族组织和国家组织合而为一，以血缘关系分配国家权力，进行世袭统治。这一制度始于夏商，完备于西周，对后世封建王朝也有影响。

道德。中国文化在这一环境中生成发展,必然受到伦理道德的深刻影响。春秋时代出现的儒学即是以伦理道德为中心的文化,其后,儒学的发扬光大,最终使伦理道德成为中国文化的根本性特征。

思考题

1. "广义文化"和"狭义文化"有什么联系和区别?
2. 中国文化和汉文化两个名称所指内涵是否完全一致?
3. 什么是包容会通?举例说明中国文化具有的包容会通精神。
4. 为什么说中国文化是一种崇尚伦理的文化?

第二章　中国文化的生成背景

民族文化之间的差异和文化所处的自然条件及社会条件有密切关联，中国文化生成时的地理环境、经济基础、社会结构给文化打下了深刻的烙印，考察中国文化，应了解这一背景。

第一节　中国文化依托的地理环境

地理环境是人类生存和发展的物质基础，对于文化的产生和发展有重要影响，在生产力不发达的古代，这种影响尤其明显。

中国位于亚洲的东部，太平洋的西岸，地域辽阔。现今的中国陆地面积大约有960万平方公里，比整个欧洲的面积略小一点。中国还有宽广的海域，陆地和海洋面积相加约有1260万平方公里。中国大陆最北端的漠河县到最南端的曾母暗沙，相距5500多公里；最东端的黑龙江和乌苏里江汇合处到最西端的帕米尔高原，相距5000多公里。中国现代的疆域是在清朝得以最终奠定的。

中国的东面和南面面临大海，北面是广漠无垠的草原、荒漠，东北面对西伯利亚的原始森林和北极冰原，西北有帕米尔高原的冰山雪峰，西南为高兀无比的喜马拉雅山脉和横断山脉的高山大河。在古代，这些地理条件是对外交通的极大障碍。

中国大陆的地势西高东低,自西向东形成三个阶梯。第一阶梯是位于西南部的青藏高原,平均海拔4500米,被称作"世界屋脊"。青藏高原上有许多高耸的雪山,是长江、黄河等大河的发源地。第二阶梯平均海拔1000~2000米。分布着内蒙古高原、黄土高原、云贵高原,以及塔里木盆地、准噶尔盆地、四川盆地,还有塔克拉玛干等大沙漠。第三阶梯海拔1000米以下,由北向南分布着东北平原、华北平原、长江中下游平原和珠江三角洲平原。平原的边缘有一些丘陵和山地。由于地势的影响,中国的河流多数自西往东流向大海。其中,长江和黄河是中国最长的两条河流。

中国的国土大部分在北温带,四季分明。受地势和气候的影响,东部尤其是东南沿海温润多雨、河流纵横、土壤肥沃,适宜发展农业;西部、北部干旱少雨,又有大片的高山、草原,适宜发展畜牧业。

中国的地理环境对于文化产生的影响如下:

一、中国的地理位置较优越,其疆域内部有相当辽阔的地域适宜发展农业,很早就产生了较高程度的农业文明。而且,中国的农业区之间地理阻隔较少,便于文化的交流传播,从而汇成主流文化意识,形成古代东亚文明程度最高、文化最发达的中心,长期辐射和影响着周边地区。

二、中国的外部有许多天然的地理屏障,加上其地理位置远离古代其他文明中心,使中国处于一个相对封闭的环境中,因此,中国文化在古代长期保持着自己的特色和系统。然而,这也导致古代中国人产生了中国位于世界中心的错觉,滋长了盲目自大的文化心理。

三、中国地域广大,自然环境复杂多样,造成生产和生活条件的多样性,由此产生文化的多样性。中国古代文化的主流形态是农耕文化,但是,也有北方草原的游牧文化、山野林区的狩猎文化、河湖海洋的渔业文化,以及城市乡镇的商业文化,它们和农耕文化相互交融,相互补充。至于各地的语言、宗教及风俗变化就更大了,这使中国文化呈现出多姿多彩的风貌。

四、中国的东南部农业地区自然条件较好,经济发展较快,人口增长也较快,全国人口大部分集中于东南部;西北部高原自然环境差,经济发展远不如东南部,自古以来就存在地广人稀的现象。中国农业地区的文化发祥早,文明程度高。在古代,北方游牧民族常以较强的军事实力侵犯甚至征服农业地区,但是,最终还是被农业地区的文化所同化。

第二节　中国文化植根的经济基础

文化与经济有紧密的联系,在中国古代,农耕经济是社会经济的主体,也是中国文化得以植根的主要经济基础。

农业是人类文明之母。中国属世界上农业开发最早的地区之一,是水稻、粟等粮食作物的原产地。其中,水稻种植区主要位于南方的长江流域,粟的种植区主要位于北方的黄河流域。考古发现,在距今一万年前,中国的江西、湖南等地已有了原始的栽培稻;距今八千年前,河北地区开始种植粟。在上古时代,黄河流域土质疏松的黄土层比较适宜木石铜器类原始农具的使用,而

牛耕图

长江流域的土壤湿时泥泞，干时坚硬，用原始农具整地需付出较大劳力，加上长江流域自然资源丰富，对谷物的依赖没有黄河流域那样迫切，因此，尽管两地同为上古农业的发源地，但是，黄河流域的农业生产相对发展较快，较早形成了政治、经济和文化中心。西晋之后，由于北方多次出现战乱，人口大量南迁，长江流域的农业有了显著发展，农耕区域逐步扩大。至南宋时，农耕经济的重心已从黄河流域转移到长江流域。

中国古代的农耕区是人烟稠密、经济发达的区域，由此形成的农耕文化对于中国文化的影响要远远超过游牧文化、狩猎文化和渔业文化。古代的商业文化与农耕文化的关系则比较复杂，由于中国古代的农耕经济长期处于家庭农业和手工业结合的小农经济状态，生产的目的主要是为自用，但是，也不排斥少量的产品交换。因此，中国古代的农耕经济不是完全处于自给自足的自然经济状态，而是含有某些手工业、商业等经济成分。中国的商业活动产生很早，早在春秋战国时期，中国已经有了独立的手工业者和商人，秦朝统一了度量衡[①]、货币和文字，为商品的流通提供了便利。两汉时期，出现不少商业繁华的城市。唐宋时期，商业城市更加繁华。明清时代，由于商品经济的发展，产生了有相当规模的手工业工场和资本主义的萌芽。中国古代的商品活动虽然一直存在并逐渐发展，然而，商品经济并不占主要地位，无论是农户的少量产品交换还是城市的商品买卖，都不是社会的主体经济活动。因此，就整个社会经济来说，农耕经济占有绝对的比重，商品经济只是作为农耕经济的附属而存在。

由于古代中国的主体经济形态是农耕经济，因此，中国文化受农

---

① 度量衡　"度"指测量物体长度的标准，"量"指测量物体体积的标准，"衡"指测量物体重量的标准。

耕经济的影响也最重，主要表现在以下几个方面：

一、农业生产从播种到收获，需要付出实实在在的劳动，所谓一份耕耘一份收获。长期的农耕生活培养了中国人吃苦耐劳、勤俭持家的美德，也发展了中国人踏实做事、注重实际的精神。这种勤劳、务实的风气和中国人的智慧结合，创造了古代世界最辉煌、最灿烂的文明之一。然而，农业生产在本质上是一种经验型的生产活动，它注重实用知识的积累和传授，但对于知识背后的理论探究却往往忽视。在此影响下，中国古代的科学如天文、数学、农学、医学等几乎都偏重于实用价值，而忽略理论研究需要的逻辑推理和科学实验。

二、农业生产对古代中国人的哲学观念产生相当大的影响。农业生产一年四季周而复始、循环往复，受此影响，古代中国人形成了五行相生相克[①]的万物循环论，并将其推广至人伦观念及社会发展上。农业生产对自然条件有很强的依赖性，从事农业生产，除了人的努力外，也受到气候等因素的影响。风调雨顺往往五谷丰登，灾情发生则收获无望，也就是所谓的"靠天吃饭"。农业和"天"的密切关系，培养了中国人"乐天知命[②]"的特性，也产生了"天人合一[③]"的哲学观念。

三、农业生产离不开土地，农民有了土地就有了生存与繁衍子孙的条件，因此，对于土地有着深厚的感情。在古代，如果不是遇到大

---

① 五行相生相克　五行是指金、木、水、火、土五种物质，中国古代思想家认为，世界万物由这五种物质组成，并在发生相生相克的转化。其相生的关系是：金生水、水生木、木生火、火生土、土生金；相克的关系是：金克木、木克土、土克水、水克火、火克金。

② 乐天知命　出自《易经·系辞》："乐天知命，故不忧。"意为人的命运不是只由自己决定的，对生死、富贵之类的事情应当顺其自然，不要怨天尤人，这样就会快乐。

③ 天人合一　中国古代哲学观念。"天"指自然，"天人合一"意为人与自然是一个有机整体，本质上是相通的，人应与自然和谐相处。

灾荒、大战乱，人们很少愿意迁徙，而在经济状况许可的条件下，买田置地又往往是人们最大的理想。这些基于农耕文明的生活状态导致了"安土重迁①"文化观念的形成。受"安土重迁"观念的影响，人们对故乡充满了感情，出门在外时遇到老乡感到分外亲切，久居他乡者也总是希望回归故里、"叶落归根"。"安土重迁"观念对中国政治也产生了深刻影响，在古代和近代，中亚、西亚的游牧民族，以及欧洲的海洋民族多次发动以占领异族土地、向外移民扩张为目的的军事远征。相比之下，古代中国的中原王朝很少有类似的举动，他们固守农耕区的文明，希望与外族和平共处。因此，在中原王朝和北方草原民族发生的战争中，基本上是北方民族南下侵扰，中原王朝进行防御。万里长城就是为防御北方民族侵扰而修建的古代大工程。

　　四、在古代，农业是整个社会的决定性的生产部门。中国是一个农业大国，在农耕经济的影响下，古代很早就产生并形成了"重农"、"重民"的统治思想。所谓"重农"，是统治者重视农业生产，把农业作为稳固统治的立国之本，采取各种措施兴农；所谓"重民"，是统治者担忧以农民为主体的百姓一旦失去起码的生存条件，便会起来造反，从而危及他们的统治。因此，古代较有作为的君主和政治家都主张"轻徭薄赋"、"与民休息"、"使民有时"；古代思想家还提出了"民为邦本②"、"民贵君轻③"等民本主义④思想。中

---

① 安土重迁　"安"指安心、习惯，"土"指乡土，"重"指看得重，意为安于本乡本土，不愿轻易迁移。
② 民为邦本　出自《尚书·五子之歌》："民惟邦本，本固邦宁。"意思是：国家的根本是人民，人民安居乐业则国家太平。
③ 民贵君轻　出自《孟子·尽心下》："民为贵，社稷次之，君为轻。"意思是：人民比君主更重要。此句意在提醒统治者应重视人民的力量，对人民施行仁政，以取得政权的稳固。
④ 民本主义　中国传统政治思想。强调人民是组成国家的基本要素，提醒统治者应负起抚民养民的职责。民本主义的思想设定是主权在君，与民主主义设定的主权在民有着本质的区别。

国古代是一个君主专制的社会，君权拥有至高无上的权威，民本思想的出现是对随意性很大的君权的一种制约。但是，民本思想并不是否定君权，它反对暴君统治，而把体现民本的希望寄托在开明君主的身上。

第三节　中国文化形成的社会结构

一个民族的文化除受到地理环境、经济状况的制约外，也受到社会结构的影响。中国古代社会结构的最大特点是有血缘宗法制度，它给中国文化打上了深刻的烙印。

血缘宗法制的基本精神是以血缘关系的亲疏远近来区别宗族成员的高低贵贱，明确继承秩序及各人的权利义务。血缘关系是人类最初的社会关系，原始社会的氏族公社就是由血缘关系组成的社会共同体。中国的原始公社解体时血缘关系组织留存下来，并且得到发展，形成为一种制度，这就是血缘宗法制。

血缘宗法制孕育于夏商，定型于西周。它的主要内容是嫡长子继承制和分封制。它强调，社会的最高统治者是天帝的儿子，称为"天子"。天子既是全国最高的政治首领，也是所在宗族的最高首领。天子的宗族是天下的大宗，且世代具有大宗的地位。天子的继承人是他的嫡长子，其他儿子被封为诸侯。诸侯相对天子是小宗，但是在其封地里又是大宗。诸侯也由嫡长子继承，其余儿子封为卿大夫。卿大夫相对诸侯是小宗，但又是其封邑的大宗。卿大夫也由嫡长子继承，其余儿子归入士的阶层。天子、诸侯、卿大夫、士属于西周王朝的统治阶级，其分布呈现金字塔型的状态。西周的血缘宗法制度还有一套严密的宗庙祭祀的规定，用建立宗庙、祭祀祖先的方式增强宗族的凝聚力。

西周的血缘宗法制是国家的政治制度，它将宗族的势力和国家的政治权力结合起来,实行"家天下①"式的贵族世袭统治。这一情况至秦朝发生变化,秦始皇统一中国后,改分封制为郡县制,中央及地方郡县的官员都由政府直接委派,这一举措使得国家层面的政治权力与宗族势力脱钩,血缘宗法制度因此遭到很大的冲击。但是,秦朝及以后的封建王朝仍然保留了很多血缘宗法制的东西,如皇位仍由嫡长子继承、贵族名位仍然世袭。而县以下的基层社会由于聚族而居,多实行家族自治管理,受血缘宗法制度的影响就更多,封建社会后期,中国各地随处可见的宗谱②、宗祠③、族田④、族长⑤、族规⑥等就是由西周的血缘宗法制辗转演变而生的。

血缘宗法制及其演变的形式在中国绵延长达数千年,成为中国社会结构的最大特点,它对中国文化产生了深远影响,主要见于以下方面:

一、血缘宗法制是建立在血缘和家族基础上的,它对中国人的血缘观念和家族观念影响深刻。以血缘观念来说,中国人在血缘的亲疏远近方面有严格的区别,形成复杂的称谓体系。英语的uncle一词对应于汉语有伯伯、叔叔、舅舅、姑父、姨夫等众多称谓,aunt一词的汉语对应词则有伯母、婶婶、舅母、姑母、阿姨等多个。汉语的称谓系统中还有堂亲⑦、表亲⑧、姻亲⑨、干亲⑩等不同区分。这些复杂的称谓

---

① 家天下　指古代的帝王把国家视作其私人的财产。
② 宗谱　记录家族迁徙、发展的事迹和家族人物的世系、传记等内容的书。
③ 宗祠　同一家族的子孙供奉祖先牌位、祭祀祖先的场所。
④ 族田　宗族内部共有的土地,收入用以祭祖、接济族内有困难的人并帮助族内子弟读书。
⑤ 族长　宗族的首领,一般由家族中最有地位和声望的人担任,负责处理族内事务。
⑥ 族规　宗族内部制定的公约,对宗族成员有约束作用。
⑦ 堂亲　指非嫡系亲属中与自己同姓者,如父亲的兄弟所生的子女。
⑧ 表亲　指非嫡系亲属中与自己异姓者,如父亲的姐妹或母亲的兄弟姐妹所生的子女。
⑨ 姻亲　指因婚姻关系而结成的亲属。
⑩ 干亲　指没有血缘关系或者婚姻关系的人互相结为亲戚。

反映了中国人对血缘亲疏远近的重视。中国人的家族观念甚重，在人际交往中，家族内的亲情往来占有重要的位置，同族亲人之间的互帮互衬被视为有人情味。由于中国人的交往注重亲情，一些非亲非故之人喜欢借用亲属称谓称呼对方，如称呼陌生人为大伯、大娘、叔叔、阿姨等，借此拉近彼此间的距离。

中国人具有的浓厚的血缘和家族观念，增进了中国人的群体意识，对于个人服从集体、尊老爱幼、家庭和睦等传统美德的形成起了重要的作用。但是，它也造成家长制盛行，凡事都由家长专断，使人的个性受到压抑。中国传统的社会结构是以家族为本位，个人的意志必须服从家族、服从尊长。旧时子女在婚姻上必须听从"父母之命，媒妁之言"①。父母健在，不得分家析产的风气也相当流行。此外，由于中国人重视血缘和家族，使得任人唯亲、裙带风②等社会不良风气滋长，易于产生社会腐败的现象。

二、宗法制和传统伦理道德有密切的联系。宗法制度有严格的父尊子卑、男尊女卑、夫尊妻卑、长尊幼卑、嫡尊庶卑的规定，它与传统伦理道德的精神是一致的。宗法制度是家族势力和国家权力的结合，传统伦理道德也把"家"与"国"联系在一起。传统伦理道德有"三纲五伦③"之说，三纲是指：君为臣纲、父为子纲、夫为妻纲；

---

① "父母之命，媒妁之言"　指旧时婚姻须由父母做主，通过媒人联络。

② 裙带风　原指依靠皇帝身边的后妃等女人的力量获得权势和财富，现泛指做官的利用权势为自己的亲戚朋友捞取好处。

③ 三纲五伦　中国古代社会的基本道德原则和规范。三纲指"君为臣纲，父为子纲，夫为妻纲"，语出董仲舒《春秋繁露》，要求为臣、为子、为妻的必须绝对服从于君、父、夫。五伦指"父子有亲，君臣有义，夫妇有别，长幼有序，朋友有信"，语出《孟子·滕文公上》，其意为做父亲的要慈、做儿子的要孝、做君王的要仁、做臣子的要忠、做丈夫的要义、做妻子的要从、做兄长的要惠、做弟幼的要顺、做朋友的要相互信任。

五伦是指：君臣、父子、夫妇、兄弟、朋友。其中，三纲中的父子、夫妻两纲和五伦中的父子、夫妇、兄弟三伦都是家庭的伦理关系。而君臣是国家权力的代表，朋友是社会关系的代表。三纲五伦把它们并列在一起，是把君臣关系和父子关系相比，把朋友关系和兄弟关系相比。传统伦理道德把家庭伦理推演至国家、社会，显然受到宗法制的影响。

学者们把"三纲五伦"等传统伦理道德体现的"家"与"国"并列现象称作"家国同构"。"家国同构"不仅体现在伦理道德中，而且在中国的传统社会结构中普遍存在。从传统社会结构的组织形式看，父在家中和君在国中都有绝对的权威，是不可动摇的家长；从传统社会结构的功能作用看，家族在宣扬"三纲五伦"等纲常伦理，维护宗法专制秩序方面与国家政权的目标是一致的，而国家政权也以家族的精神统治臣民。由于受宗法制的影响，中国的传统社会结构中，家具有国的某些特征和原则，国则成为家的扩大和延伸。

三、宗法制度使中国人重视祖先崇拜和家族的延续。宗法制度对于祖先崇拜和家族的延续意义重大。从祖先崇拜看，中国的历代王朝重视营建宗庙①，将宗庙与社稷②视为国家权力的象征。中国的民间热衷于建造祠堂、编修宗谱、扫墓祭祖等活动，这些都和宗法制度有关。从家族延续看，宗法制度规定了男性的继承权，排斥女性成员的继承地位，由于家族世系是由男性子裔代代相传，造成重男轻女的社会风尚。中国人重视家族的延续，将家族兴旺、子孙繁衍视为荣耀，

---

① 宗庙　古代帝王等设立的祭祀祖宗的场所。

② 社稷　社，古代指土地之神，也指祭祀土地神的地方和日子；稷，指五谷之神。古人将社与稷并在一起祭祀，合称社稷。据《周礼·考工记》记载，周朝时，社稷坛设于王宫之右，与设于王宫之左的宗庙相对，前者代表土地，后者代表王族血缘，两者同为国家的象征。这一布局及其意义在后世得到延续。

俗称"多子多福"。由于家族的传续要由男性承担，因此社会上普遍重视生男孩，认为无后（无男性子裔继承）是对祖宗的最大不孝。

四、在宗法制度的影响下，中国人形成了极端重视传统的文化心理。宗法观念强调敬祖宗、孝父母，即包括对祖先和父辈所创事业和所立规矩的尊重。能继承祖先和父辈所创事业，不违背他们所立规矩的是孝子贤孙，反之，就是不肖子孙。这种敬重祖先的观念世代相传，久而久之，使中国人形成了极端重视传统的文化心理。重视传统有积极的一面，它有利于历史的传承和文化的积淀，中国的历史书籍异常丰富，就是古人重视传统的硕果。然而，重视传统也有消极的一面，因为传统的东西不一定就是正确的，对传统极端的重视严重束缚了人们的思想，使创新精神受到阻碍，不利于社会的发展进步。中国历史上出现过多次政治改革的失败，究其原因，就是保守派以"祖宗之法不可变"的教条反对改革，使改革举步维艰，终至失败。

思考题

1. 中国的地理环境对于文化的交流传播有什么影响？
2. 农耕经济对中国文化有什么影响？现代社会中，这些影响是否已消失？
3. 宗法制度对中国文化产生了哪些积极影响和消极影响？

第三章 中国文化的发展历程

中国文化从远古至现代,经历了漫长的发展历程。了解中国文化的发展历程,有助于更好地理解中国文化的过去、现在和未来。

第一节 中国文化的源头

中国文化源于何处?这是中外学者饶有兴趣的话题。这一话题有两种基本答案,一种答案认为,中国文化的源头在西方;另一种答案认为,中国文化的源头就在中国。

17—18世纪时,西方的基督教传教士曾经认为,中国文化的源头在埃及。他们的依据是:《圣经》记载上古时代大洪水之后,挪亚的儿子们率领族人分散到世界各地建邦立国。其中名叫闪的儿子的后裔率埃及人到达了中国,汉字的象形造字法就是从古埃及的象形字发展而来的。19世纪80—90年代,法国学者拉克伯里又提出中国文化源于古巴比伦,他的依据是:古巴比伦和古代中国在天文历法、科技发明、语言文字、政治制度、历史传说等方面都有相似之处。他认为公元前2282年左右,生活于两河流域的闪米特人的一支——巴克族,在其酋长率领下东迁,发展为日后的汉族。这位酋长就是中国古史传说中的黄帝[①]。20世纪20

[①] 黄帝 中国古史传说中的人物,被称为中华民族的人文始祖。

年代，瑞典人安特生在中国河南省仰韶地区发现了彩陶，他觉得仰韶的彩陶和中亚及欧洲出土的彩陶很相似，因此认为彩陶是从西方传入中国的。以上所说的数例是"中国文化西来说"的代表，它们受到文化传播学派有关理论的影响，认为人类文明的发生发展是一个从中心向四周不断扩散、传播的过程，因此，提出中国文化的源头在西方。

"中国文化西来说"在20世纪初的中国很有影响力，连一些中国的著名学者也撰文附和这一说法。但是后来随着中国考古事业的发展，大量的考古资料证明中国文化是在本土发生发展的，而不是外来的。中国境内现已发现几十处原始人类的遗址，找到包括直立人、早期智人、晚期智人等已知人类进化各个阶段的化石，其中属于晚期智人的北京山顶洞人、广西柳江人、四川资阳人在体质上与现代中国人基本相同。中国境内现已发现的新石器时代遗址约有七千多处，它们和中国早期的王朝夏朝、商朝之间的地层叠压关系证明，中国史前文化的发展前后连续，没有出现过断链。中国学者还对境内的彩陶文化①进行了研究，发现位于新疆哈密地区的彩陶在器形和纹饰上和甘肃、青海等地的彩陶十分相似，但年代比甘肃、青海彩陶要晚一千年。甘肃、青海位于哈密的东边，因此，哈密的彩陶很有可能是

仰韶彩陶

---

① 彩陶文化　彩陶是指新石器时代的彩绘陶器，它反映人类文明初始阶段的经济、宗教、社会生活，因此，学者把远古时期的文化称作彩陶文化。中国的彩陶文化从距今八千年前至三千年前，延续了五千年左右，分布地区十分广泛。

受甘肃、青海的影响。这一认识提出中国境内的彩陶文化由东向西传播的新观点，推翻了安特生所说的彩陶文化从西往东传播的结论。

中国学者的研究成果否定了"中国文化西来说"，也动摇了支持"中国文化西来说"的人类文明出于一个源头的设想。学者进一步研究后发现，即使在中国境内，文明的发祥地也不只是一个，而是像满天星斗那样分布在许多地方，其中比较重要的区域有黄河流域、长江流域、珠江流域、北方和东北地区。由于黄河流域在文明发展的早期常常居于主导地位，因而该地区产生了中国古代最早的国家政权——夏朝。

第二节　中国文化的历史分期

文化是一个复杂的事物，文化发展的历程应以什么为标准？我们认为，精神文化位于文化的核心，有着相对稳固的地位，而哲学思想是精神文化的中坚。因此，文化的发展历程应注重精神文化，凸显哲学思想的发展。按照这一设想，中国文化的发展历程可以分为以下五个时期。

一、萌发期

中国文化在原始社会开始萌芽，考古发现，距今两万年前的旧石器时代，生活在北京周口店龙骨山的山顶洞人已使用骨针缝制兽皮衣服，将穿孔的石珠、兽牙作为装饰品，并在尸身周围撒有赤铁矿粉。这是爱美观念和宗教观念的原始萌芽。

中国的新石器时代是从公元前七千年左右开始的，新石器时代有了原始的农业、畜牧业和手工业。随着生产的发展，原始宗教和原始艺术逐渐丰富起来，原始的哲学思想也开始萌发。现代人认为，新石

第三章　中国文化的发展历程

器时代的彩陶上绘有的蛙、鱼等图案，是先民对于这些动物惊

舞蹈纹彩陶盆

伏羲

人繁殖能力的崇拜；彩陶上绘有的先民舞蹈的场面，则可能是他们宗教仪式的组成部分。另据古史传说，中国的八卦①最早是由伏羲氏②发明的，伏羲为远古传说中的人物，如果真有其人，他应该生活在新石器时代，而作为中国古代哲学思维源头的八卦亦可追溯至那一时代。

公元前21世纪至公元前771年，中国进入夏、商、周三个王朝相继统治的时代。夏、商、周三代是奴隶制社会，这一时期，农业生产有了进步，以青铜器制造为标志的手工业逐渐发达，产生了最初的成熟文字甲骨文和金文。

---

①　八卦　中国古代形成的一套有象征意义的符号，以"—"代表阳，"- -"代表阴，用三个这样的符号组成八种形式，叫做八卦。每一种卦形都代表一定的事物，如乾代表天，坤代表地。八卦互相搭配可变化成六十四卦，用以象征各种自然现象和人事现象。

②　伏羲氏　中国远古传说时代的人物。

夏朝和商朝的统治者对于鬼神、上帝的迷信程度很深,据传夏禹"致孝乎鬼神"①,商朝统治者则几乎事事都要向鬼神、上帝卜问吉凶。这种以鬼神崇拜为价值取向的文化,可称之为神本文化。西周取代商朝之后,汲取了商朝灭亡的教训。在西周统治者看来,商王虽然宣称自己的统治是上帝的意志,可还是灭亡了,因此,要想巩固统治,除了依靠上帝外,还得实行"德政",得到"民心"的支持。为此,西周统治者提出"以德配天命",即在承认统治者的权力是"天命神权"的基础上,增加"敬德保民"的内容。这一思想反映了中国文化由神本开始走向人本,是中国文化中人文精神的开端。西周统治者为了巩固统治,还制定了礼乐制度,用来明确上下尊卑的关系,规范人们的行为。哲学思想方面,西周初年的《周易》提出了较有系统的八卦学说,其中阳爻"—"和阴爻"--"两种符号蕴含着阴阳对立的关系。《尚书·洪范》对五行观念也有了初步的阐述。阴阳五行观念的产生表明,周人已开始有了理论思维。

太极八卦图

---

① "致孝乎鬼神" 指以食物等祭享鬼神,和鬼神沟通。此句出自《论语·泰伯》。

西周的"天命神权"、"敬德保民"、阴阳五行等思想和礼乐制度是中国文化的重要元素，它对春秋战国时出现的"百家争鸣"和中国文化后来的发展具有重要的意义。

二、奠基期

公元前770年至公元前221年是中国历史上的春秋战国时期。这一时期，由于铁器和牛耕的出现，使生产力有了提高，出现私自开垦土地和土地私有化的现象，奴隶制度开始瓦解，新兴的封建生产关系逐渐形成。这一时期的政治局面亦发生变化，随着周王的势力衰落，诸侯的势力增强，各诸侯国之间不断发生战争，出现春秋时的大国争霸和战国时的七国争雄局面。

春秋战国诸侯争雄的多元政治为文化的多元和学术自由创造了条件，在这一形势下，孔子首开私人讲学之风，创立了儒家学派，其

孔子

他学派继而蜂起。这些不同的学派被后人称作"诸子",他们游说诸侯,教授子弟,著书立说。各学派间还互相批判论战,造成思想学术的活跃和繁荣,史称"百家争鸣"。

"百家"是对当时众多学术流派的泛指,实际没有那么多。后人谈到春秋战国的诸子百家,一般认为有儒、墨、道、法、名、阴阳、兵、农、纵横、杂、小说等几家,其中影响较大的是儒、墨、道、法四家。

儒、墨、道、法等诸子百家在政治主张、伦理观念、人生见解等方面有很多不同的观点,这些观点互相争辩,又互相吸收,成为奠定中国文化精神的重要基石。这一时期,诞生了大量在中国历史上影响深远的思想学术性著作,其中有据传是孔子整理或撰写的《诗》、《书》、《易》、《礼》、《乐》、《春秋》,有记录孔子、孟子、老子、庄子、墨子、韩非子等各学派代表人物思想言论的《论语》、《孟子》、《老子》、《庄子》、《墨子》、《韩非子》,也有被后世称作"兵家之祖"的《孙子兵法》[1]以及战国末年集诸子学说之大成的《吕氏春秋》[2]等。这些著作对中国文化基本精神的形成产生了无可限量的作用,成为中国文化宝库的珍贵遗产,诞生这批思想文化重要著作的时代因此被后人称之为中国文化的"元典时代"。

三、定型期

春秋战国由于诸侯纷争、政治多元,各国君主对不同的学术流派采取"兼而礼之"的态度。然而,当秦汉大一统王朝出现后,统治者在思想文化上有统一的需求,容忍学术自由、思想活跃的政治条件便不复存在。

---

[1] 《孙子兵法》 中国现存最早的兵书,春秋末孙武作。

[2] 《吕氏春秋》 战国末年秦相吕不韦集合门客共同编写的著作,内容以儒、道思想为主,兼有名、法、墨、农、阴阳等各家言论,后人将其作为先秦杂家的代表作。

公元前221年，秦始皇统一中国，建立起中国历史上第一个中央集权的封建国家。秦统一后，利用国家政权的力量，致力于思想文化的统一，其所采用的措施有："书同文，度同制，车同轨，行同伦。"书同文是统一文字，度同制是统一货币和度量衡，车同轨是统一车轨及交通规制①，行同伦是统一思想和法律。为了统一思想，秦始皇下令将秦国史书及医、乐、卜筮、种树之外的所有书籍全部焚毁，违者治罪；并公然将四百六十余名违反禁令者用活埋的手段处死，这就是历史上有名的"焚书坑儒"事件。

秦始皇

秦始皇的文化专制政策在后世被人抨击和唾骂，然而，实行思想文化的统一是君主专制的政治气候下中国文化的发展趋势。秦朝灭亡之后六十多年，统一思想的问题再次被提出，倡导者是西汉的儒学

---

① 秦统一前，列国的车辆规制不一，车道因此有宽窄。秦统一后，将车辆两轮间的距离定为六尺，便于修筑统一的车道。

思想家董仲舒。他建议汉武帝将儒学之外的其他学派予以排斥,汉武帝采纳了他的建议,"罢黜百家,独尊儒术"。从此以后,儒学取得"定于一尊"的显赫地位,儒学的书籍被尊为"经",儒家的思想成为封建时代的统治思想。

需要指出的是,西汉时被"定于一尊"的儒学和春秋战国时代的儒学是有区别的,西汉的儒学实际上已汲纳了道家、法家、阴阳家等许多学派的思想。因此,西汉时代的"独尊儒术"实质上是古代思想文化的一次大的整合,在此基础上,形成了中国思想文化的基本格局。

思想文化之外,中国文化还有很多基本面貌是在秦汉时期得到定格的,如度量衡的统一、文字的统一、户籍的控制、官员的考选、中央政府的集权、皇位的继承、土地的占有与买卖等许多事情都是在秦汉定格,并为后世所承袭的。因此,秦汉成为中国文化的定型期。

四、发展期

中国文化绵远流长,作为文化结晶的哲学思想在漫长的发展过程中呈现阶段性的特征。有些学者提出,中国古代和近代哲学思想的演变过程可以分为七个阶段,它们是:先秦子学、两汉经学、魏晋玄学、隋唐佛学、宋明理学、清代朴学、近代新学。其中,先秦子学指

汉武帝

先秦诸子之学,两汉经学指西汉和东汉时代儒家的学说。这两个阶段在本章的叙述中分别属于中国文化的奠基期和定型期。

中国文化的发展期上承两汉,往下一直伸展至明朝中叶。它经历了三国两晋南北朝、隋朝、唐朝、五代十国、北宋、南宋、元朝、明朝等许多朝代,其间出现的具有阶段性特征的哲学思想有魏晋玄学、隋唐佛学、宋明理学。

两汉时期,儒家经学定于一尊,形成以儒学为宗,兼纳道、法、阴阳等思想的一元文化局面,但是后来,随着域外佛教的输入和国内道教的兴起,文化中掺入了新的因素。东汉之后,中国进入三国两晋南北朝将近四百年的战乱时期,以儒学为尊的一元文化格局发生变化,出现儒学、玄学、道教、佛教共存的多元文化局面,其中玄学尤其风靡一时,成为那一时期的标志性思想。

玄学流行于魏晋时期,"玄"有深奥、玄妙的意思,玄学家富有哲理性的思辨和论争被称作玄谈或清谈。东汉末年以来,社会动荡,战乱频发,人们对儒家经学的信念产生了怀疑,将注意力转向老庄哲学[①],企图用老庄的道家思想来解释儒家的经义,因而形成了玄学思潮。玄学家崇尚老庄的自然无为[②],

《老子骑牛图》 明 张路

[①] 老庄哲学　指以老子和庄子为代表的中国古代的哲学思想。
[②] 自然无为　中国古代的哲学观点,认为宇宙万物都是自然地生存发展的,不要用人为的因素去干扰它。

他们蔑视儒家的礼法拘束,追求个性的自由放达,其行为在士人间互相模仿,成为流行的习尚。玄学与佛教思想有相通的地方,东晋南朝时,玄学家将思辨转向佛理,用玄学的语言来解说佛经。因此,玄学后来渐渐融入了佛教,终至消失。

玄学是魏晋南北朝标志性的哲学思想文化,玄学之外,此时的道教和佛教也十分活跃。道教诞生于东汉,是中国土生的宗教,道教把道家哲学作为其思想渊源和宗教理论的主干,奉道家的创始者老子为教主。然而,道教也极力调和与儒学的关系,儒学的伦理思想被纳入道教的教义。佛教在两汉之际传入中国,佛教刚进入时,曾与儒、道等文化相冲突,后来,渐渐与中国文化特别是儒家文化相融合。

公元581年,隋朝统一了中国,之后不久,唐朝建立。唐朝政治开明、经济繁荣、文化昌盛,是中国封建社会的盛世。唐朝的主流文化是儒、道、佛三家。儒学在魏晋南北朝比较低落,唐朝时得到振兴。唐初,朝廷颁布《五经正义》[①],作为儒学经书的定本和科举考试的标准教科书,令天下传习。科举考试选拔官员的制度是从隋唐时代开始的,唐朝将《五经正义》法定为科举考试的标准,大大增强了儒学的地位和影响。道教在唐朝也得到重视,唐朝的皇帝姓李,奉道家的创始人老子李耳为先祖,因此,道教在唐朝的上层统治者中格外得宠,有国教之称。佛教从两汉之际传入中国到唐朝已有六百年,在这六百年间,佛教逐渐实现了在中国的本土化。唐朝时期,佛教传播达到鼎盛,出现天台宗、三论宗、法相宗、华严宗、净土宗、禅宗、律宗、密宗等众多宗派,其中,禅宗对中国文化的影响尤其深刻。因此,后人在总结中国的哲学思想演变时,把佛学作为隋唐时期哲学思想的标志。

宋明理学是宋朝至明朝具有标志性的哲学思想,它的开创者是北

[①] 《五经正义》 唐朝官方编修的阐释儒学经义的著作,对前代繁杂的儒家经学注释进行整理,成为唐朝至宋初科举考试的标准。

宋时代的周敦颐①、程颢、程颐②等人，南宋时，朱熹③为集大成者，建立了一套比较完备的理学体系，到了明朝，王守仁④对理学思想又有新的发展。理学的内部有不同学派，其中主要有以程颢、程颐、朱熹为代表的程朱理学和以陆九渊⑤、王守仁为代表的陆王心学。

理学以儒家思想为主体，吸收涵容了佛、道两家的思想，与以前的儒家思想相比，理学的哲理性和思辨性大大增强了。理学以"理"作为宇宙的最高本体和哲学思维的最高范畴，其学说认为，三纲五常⑥等儒家的伦理道德是"天理"，在未有天地宇宙之前已经存在，因而是万古不易的真理。理学通过把儒家的人伦关系"天理化"，将中国文化重伦理的传统精神推向了极致。

理学重铸伦理文化的方法是从加强人

朱熹

---

① 周敦颐（1017—1073）　北宋思想家、教育家。宋明理学的奠基者。
② 程颢（1032—1085）、程颐（1033—1107）　北宋思想家、教育家。兄弟俩都是周敦颐的学生。
③ 朱熹（1130—1200）　南宋思想家、教育家。程朱理学的集大成者。
④ 王守仁（1472—1528）　明朝思想家、教育家。陆王心学的集大成者。因其创办阳明书院，亦称王阳明。
⑤ 陆九渊（1139—1192）　南宋思想家、教育家。理学中"心学"一派的奠基者。
⑥ 三纲五常　"三纲"即"天为地纲、君为臣纲、父为子纲"，"五常"指"仁、义、礼、智、信"。"五常"用以调整和规范君臣、父子、兄弟、夫妇、朋友间"五伦"的关系，因此其和"三纲五伦"有着内在的联系。

中国文化概说

的内在修养入手，它孜孜讲求"立志"、"修身①"、"涵养德性、变化气质"，其目的在于培养具有理想人格的人，自觉地恪守儒家的礼义。当人的欲望与儒家纲常名教②的"天理"发生冲突时，理学主张应压抑人的欲望，以维护纲常名教和社会的伦理规范，此即"存天理，灭人欲"。

理学强调人的内在修养，体现了文化的内敛精神。中国文化在汉唐时代是开放的进取的，唐朝中叶以后，逐渐转向保守、内敛，理学即是产生于文化内敛时代的哲学思想代表。理学诞生以后，很快成为学术界的主流思想和官方哲学，在统治者的倡导下，理学大师朱熹编写的《四书集注》③成为封建社会后期科举考试的法定课本，其地位与五经相等。从11世纪至17世纪中叶，理学影响中国文化长达六百多年，它比历史上的经学、玄学、佛学等哲学思想流行的时间都要长，对中国文化的影响十分深远。

王阳明

---

① 修身　指修养身心，努力提高自身的道德修养水平。
② 纲常名教　纲常指"三纲五常"，名教是指名份和教化，儒家提倡以三纲五常规定的名份来教化天下，以维护社会的伦理和政治秩序。
③ 《四书集注》　四书是《大学》、《中庸》、《论语》、《孟子》。朱熹的注释有理学的新见解。

五、转型期

中国文化的转型期从明朝后期延续至今。在这一时期,中国文化与外来的西方文化发生碰撞,同时,中国文化的内部也开始萌发出新的生长因子,在这两种力量的作用下,中国文化发生了巨大的变革。

中国文化的转型在两个阶段较为突出,第一阶段是在明后期至清初,第二阶段从1840年鸦片战争直至当代。

明后期至清初,中国文化遇到的外部环境是西方文化开始输入中国。明朝后期和清朝初年,西方的天主教传教士进入中国传教,他们在传教的同时,和中国士大夫合作翻译了一批西书,介绍了西方的天文历法、数学、物理学、地理学、机械工程、火炮制造等方面的知识;伴随这些知识进入中国的,是西方科技重视实证检验的理性精神。这些都是中国文化所缺少的,在一定程度上填补了中国文化的空白。然而,这一时期接触西方文化的中国人很少,西方文化对中国人的社会生活没有很大影响。清朝雍正以后,中国强化了闭关锁国的政策,禁止传教士的活动,西方文化的输入一度中断。

明后期至清初中国文化的内部环境也有变化,产生了两个文化现象。第一个文化现象是启蒙思想的兴起。明朝中叶,王守仁的心学提出"致良知"说,把人的良知作为衡量善恶是非的标准,其学说肯定人的价值主体,对用外在规范禁锢"人欲"的程朱理学形成冲击。王守仁之后,王艮[①]、李贽[②]进一步肯定个人的内在价值,他们的思想对后来的思想家产生积极影响。明末清初是一个"天崩

[①] 王艮(1483—1540) 明朝思想家,王守仁的学生。
[②] 李贽(1527—1602) 明朝思想家。

地解"的社会大变动时代，以黄宗羲①、顾炎武②、王夫之③为代表的思想家对理学和旧制度的某些方面进行了思考和批判。他们反对专制皇权的"家天下"，主张天下是属于万民百姓的，应该"公天下"；他们对理学空谈义理④的学风也极为反感，认为这是导致明朝灭亡的重要原因，因而提出应重视"经世致用⑤"，倡导研究和现实相关的学问；他们还批判了"重农抑商⑥"的传统观念，提出"工商皆本"的进步思想，主张发展工商业。这些早期启蒙思想的出现表明，明朝中叶之后，中国文化内部已经萌生了向现代性文化转型的新因素。

这一时期中国文化内部的第二个现象是朴学的兴起。朴学也叫实学，清朝初年，一些学者反对理学的空疏无用，主张"经世致用"，企图从传统文献的研究中找出有益于当世的经世之策，此为朴学产生的开端。乾嘉时期⑦，一批学者专注于对古代文献作文字、音韵⑧、训诂⑨、历史、地理等方面的考证性研究，史称"乾嘉朴学"。朴学研究虽然和"经世致用"的治学精神有所偏离，但是对古代文献研究的成果却是十分突出的，因此，后人把朴学作为清代具有标志性的学

---

① 黄宗羲（1610—1695）　明末清初思想家。
② 顾炎武（1613—1682）　明末清初思想家。
③ 王夫之（1619—1692）　明末清初思想家。
④ 义理　指儒家的经义、道理。
⑤ 经世致用　儒家的学术思想。"经世"意为"经国济世"，即有益于国计民生，"致用"是"学以致用"的意思。
⑥ 重农抑商　中国古代封建王朝的经济指导思想，主张重视农业、以农为本，限制工商业的发展。
⑦ 乾嘉时期　指清朝乾隆、嘉庆皇帝统治的时期。
⑧ 音韵　汉语语音中声母、韵母、声调的合称。
⑨ 训诂　用现行的话解释古代的语言文字及方言。

术潮流。

  鸦片战争至当代是中国文化转型的第二阶段。鸦片战争后，外国列强用坚船利炮打开了中国的大门，西方文化如潮水般汹涌而来。在外国列强的侵略和西方文化的冲击下，中国文化产生了两个基本的回应。第一个回应是蕴藏于中国文化内部的忧患意识、变易观念①、夷夏之辨②、"天下兴亡，匹夫有责"③等传统精神被激活，经过重新诠释之后获得新的生命，转换为近代民族救亡、反抗侵略的意识；第二个回应是一些先进的中国人开始"睁眼看世界"，向西方学习，不断地寻找救国救民的方法。中国近代史上，从林则徐、魏源提出"师夷长技以制夷"④的思想，到洋务运动⑤引进西方的工业和教育，到戊戌变法⑥模仿西方近代的君主立宪制度，到辛亥革命⑦推翻帝制，建立资

---

  ① 变易观念　"变易"是变化的意思，意为事物是可以在一定条件下产生变化的。中国古代的变易观念在西周形成，并流传于后世。

  ② 夷夏之辨　上古时代，居住在中原地区的中国人自称为"华夏"或"夏"，称其周边的民族为"蛮夷戎狄"，"夷"即"蛮夷戎狄"的总括之称。古人强调要"用夏变夷"，反对和警惕"以夷变夏"，即要求用华夏民族的礼仪制度影响周边民族，而不是让周边民族影响华夏。此为"夷夏之辨"，亦称"夷夏之防"。

  ③ "天下兴亡，匹夫有责"　天下指国家，匹夫指个人。意为国家民族的危亡和每一个个人都有关系，大家都要担当起责任来。这句话的意思最早由明末清初顾炎武提出，后经梁启超概括成句。

  ④ 师夷长技以制夷　"夷"指"夷人"，即外族人，此处是指发动鸦片战争侵略中国的外国人。"长技"指先进的科学技术。全句的意思是，学习外国先进的科学技术来达到抵御外国侵略的目的。此话最早是由魏源在《海国图志》一书的序言中提出的。

  ⑤ 洋务运动　19世纪60—90年代，在一批清政府官员的倡导下，中国引进西方的科学技术，创办军事和民用企业，建立海军和新式学校，并派留学生出国学习，史称"洋务运动"。

  ⑥ 戊戌变法　1898年（戊戌年）由资产阶级改良派发动的政治运动。

  ⑦ 辛亥革命　1911年（辛亥年）由资产阶级革命派发动的推翻清政府的革命运动。广义的辛亥革命是指包括在此以前资产阶级革命派发动的所有旨在推翻清政府的革命运动。

产阶级共和国,到五四新文化运动①打出民主与科学的旗帜,到马克思列宁主义传入中国,这每一次的历史进步都体现了中国人向西方学习的积极求索精神。

西方文化是近现代的高势能文化,中国文化需要汲纳西方文化,使自身适应时代的进步,这在近代已逐渐为学界所认识。于是,在戊戌变法时期,倡导西学和中西学结合的主张便纷纷提出,其中有"以西国之新学广中国之旧学"、"中学为体,西学为用"②等各种论说,后人将这一阶段的学术标志为"近代新学"。它反映了当时的中国学者已敏感地觉察到中国文化处于一个转型的时代。

中国文化的现代转型是一个中国文化与西方文化冲突、调适和融合的过程,也是一个中国文化自我认识、自我更新的过程。一百多年来,中国文化不断地接受来自外界的新知识、新思想,同时,一些学者也对以儒学为代表的中国传统文化进行了深入的思索,指出:中国文化的根还是有着悠久历史的儒家文化。他们认为,儒家的伦理文化并不属于特定的时代,或为特定的阶级所拥有,它是一种普世性的人类精神文明,即使在现代,儒家文化依然具有现实的价值和意义。因此,他们以儒家文化的现代转化为己任,提出了建

---

① 五四新文化运动 1915年起,一批激进的中国知识分子办刊物,搞宣传,发起了一场思想启蒙运动,他们提倡民主与科学,反对封建专制和愚昧迷信;提倡新道德,反对旧道德;提倡白话文,反对文言文;提倡新文学,反对旧文学,努力传播新思想和新理论。1919年,中国又发生了反对帝国主义操纵巴黎和会欺侮中国的五四爱国运动。五四运动是新文化运动的继续和发展,因此把两者合在一起称作"五四新文化运动"。

② "中学为体,西学为用" "中学"指以纲常名教为核心的儒家学说,"西学"指近代西方的学术思想。19世纪60年代后,洋务派在向西方学习的洋务运动中,始终维护封建的纲常名教和政治制度,而把西学作为巩固清王朝统治的工具。这一思想后来由张之洞概括为"中学为体,西学为用"。

设新儒学①的号召。

  中国文化的转型并不只是学者在书斋里的遐想，而是一个既成的和正在进行的事实。鸦片战争以来，中国文化在物质、制度、精神等各个方面都产生了翻天覆地的巨大变化，变化的深度和广度已远远超出了明末清初时期，直到现在，这一变化还在继续。文化转型对于传统文化是一个挑战，它将经历艰难曲折的过程，然而，文化转型也赋予了中国文化新的发展机遇，我们期待中国文化在新的历史时期展开更为壮观的新画卷。

> **思考题**
> 1. "中国文化西来说"是怎么产生的？你对这一看法有什么认识？
> 2. 为什么把秦汉作为中国文化的定型期？
> 3. 儒家思想在中国文化的历史长河中经历了哪些起伏变化？

---

  ① 新儒学　西方文化输入中国以后，在中西文化的碰撞下产生的儒家新学派。狭义的新儒学指20世纪以来由梁漱溟、张君劢、熊十力等人所提倡的新儒学。广义的新儒学可上溯到鸦片战争以来关于儒学变革的所有学说。

第四章　中国的传统思维方式

思维方式是文化的核心成分。它渗透于文化的各个领域，有着很强的稳定性和继承性。了解中国的传统思维方式对于把握中国文化具有重要的意义。

第一节　中国传统思维方式的形成

中国的传统思维方式是指中华民族在长期的历史发展中具有的思维习惯和思维方法，它萌发于商周时期，成长于春秋战国时期，成熟于秦汉时期。

商周时期是中国文化的萌发阶段，商朝人事事向鬼神卜问吉凶，反映其思维水平尚处于蒙昧阶段。周朝人对鬼神的崇拜逐渐淡薄，建立起宗法制、分封制等完备的礼仪制度，显示了人的主体意识的觉醒。

春秋战国属于德国学者雅斯贝尔斯[①]所说的人类文明的"轴心时代"，在那一时代，东方和西方的一些文明中心出现了一批伟大的精

[①] 雅斯贝尔斯（1883—1969）　德国哲学家。

第四章　中国的传统思维方式

神导师,其中有希腊的苏格拉底[1]、柏拉图[2]、亚里士多德[3];印度的释迦牟尼[4];中国的孔子、老子等。他们对各自所属文化的思维方式产生过无比深刻的影响。从文化渊源来看,西方文化重视逻辑推理的思维可以上推至亚里士多德建立的逻辑学体系,同样,中国文化重视伦理道德的思维也可以溯源至孔子的思想。

春秋战国时期,中国的思维文化十分活跃,各种思想认识层出不穷。儒家、道家等学派主张人和自然的本质是相通的,其代表为"天人合一"说。"天人合一"是一种整体性思维,这一思维从认识论上看是主张认识的主体和客体的统一或合一。而墨家没有儒、道那样的主客体合一观念,墨家将主客体分开,把人看作认识的主体,把客观事物作为认识的对象,强调认识是建立在对客观事物观察、分析、归纳的基础上。墨家的思维运用了逻辑思维的方法。逻辑思维是古希腊及古印度文化的强项,可是,学者对墨家的著作《墨子》研究后发现,《墨子》一书中展现的逻辑思

墨子

---

[1] 苏格拉底(前469—前399)　古希腊哲学家。
[2] 柏拉图(前427—前347)　古希腊哲学家。
[3] 亚里士多德(前384—前322)　古希腊哲学家。
[4] 释迦牟尼(前565—前486)　古印度迦毗罗卫国王子,原名乔达摩·悉达多,佛教的创始人。

维几乎涵盖了形式逻辑的所有问题，可以和古希腊及古印度的逻辑思维相媲美。这说明，中国在先秦时代，原本也是有着丰富的逻辑思维文化的。墨家和儒家在战国时并称"显学"，但是，秦汉以后，墨家迅速衰落直至消亡。随着墨家的消亡，墨家的逻辑思维也退出了主流文化的视野，被人们淡忘了。

秦朝和汉朝是前后相继的两个大一统王朝，秦汉的统治者强调思想文化的统一。秦始皇实行独尊法家的政策，汉武帝推行独尊儒家的政策，其目的都在于统一人们的思想。在秦汉思想文化大一统的背景下，作为文化核心的思维方式受到整合。在这一过程中，春秋战国时一度出现的主张主客分离的墨家思维遭到冷落，而主张主客合一的儒家、道家等思维文化得到强化，成为占据支配地位的思维方式。这就是我们现在所说的中国传统思维方式。

秦汉之后直至清朝，中国的传统思维方式得到巩固发展，其间虽有佛教等外来文化传入给中国文化注入了新鲜血液，然而，传统思维方式的基本模式没有大的变化。

第二节　中国传统思维的模式

中国传统思维方式是一个综合的概念，它包含多种富有特色的思维模式。由于观察的角度不同，人们对构成传统思维方式的思维模式有不同的认识。以下是几种主要的中国传统思维模式。

一、整体思维

整体思维是中国传统思维方式的基础和核心，它把宇宙、自然、人类社会看成一个有机的整体系统，系统内各要素之间存在着互相依存的联系。

第四章 中国的传统思维方式

"天人合一"说和"阴阳五行"说是反映古代整体思维的两个典型。"天人合一"的思想在春秋战国时已经屡见于儒家、道家等学派的著述，《周易大传》①曰："乾，天道也，父道也，君道也。"《老子》曰："人法地，地法天，天法道，道法自然。"都是把天地自然与人包罗在一起的思维模式。到了西汉，董仲舒明确提出："天人之际，合而为一。"②阴阳和五行在春秋战国时原本是两个独立的整体概念，阴阳表示一对互相对立而又互相关联的事物，共处于一个整体内；五行的金、木、水、火、土也并列于一个整体内。战国末至西汉，这两个整体被合成一个更大的整体。董仲舒说："天地之气，合而为一，分为阴阳，判为四时，列为五行。"③即是从阴阳五行是一个大整体而言。

"天人合一"说和"阴阳五行"说所代表的整体思维模式反映古人对宇宙、自然的认识，然而，它并未引导古人去探索宇宙、自然的奥秘。这是因为，这一思维模式的中心是人，其所说的自然并不是指外在于人而独立存在的那个现实的自然界，而是以"自然"之名，用来表达人的内在之性的东西。在"天人合一"的思维中，儒家把"天"作为道德的本原，将仁、义、礼、孝、忠等儒家宣扬的道德奉为"天理"，这是在借自然以证明人性；而道家主张人性应复归自然，和自然之性水乳交融，这是在论证自然之性就是人性。显然，儒家和道家的"天人合一"思维的立足点都是人而不是天。因此，从根本上说，中国整体思维围绕的问题是人的存在和人生意义，而不是外在于人的宇宙和自然的奥秘。

---

① 《周易大传》　现存最早的系统注释《周易》的著作，约成书于战国时代。
② 语出董仲舒《春秋繁露·深察名号》。
③ 语出董仲舒《春秋繁露·五行相生》。

二、辩证思维

辩证思维是揭示事物之间以及事物内部矛盾对立各方关系的思维方法,古代的中国和西方都有辩证思维。古希腊哲学家赫拉克利特[1]提出:"人不能两次踏进同一条河流","互相排斥的东西结合在一起,不同的音调造成最美的和谐",即是辩证思维的显现。

中国先秦时代已有了丰富的辩证思维。《周易·系辞》[2]曰:"一阴一阳之谓道。"是把阴阳作为一对互相对立而又统一的范畴来认识。《周易》提出的类似的对立统一范畴还有刚柔、大小、远近、出入、进退、往来、上下、吉凶、祸福、泰否(pǐ)、生死、存亡、损益等,显示先秦时代的思想家已注意到事物间的对立统一关系是广泛存在的。先秦思想家不仅认识了事物的对立关系,而且提出对立关系是可以转化的。如《老子》第五十八章提出:"祸兮,福之所倚;福兮,祸之所伏。"揭示了祸福这一对矛盾对立关系的互相依存和互相转化。先秦思想家除了用辩证的观点来认识事物外,还能用它来分析和把握事物。孔子谈他分析问题的方法是:"我叩其两端而竭焉"[3]。这句话的意思是:"抓住问题的两个极端,以此入手,搞清楚全部问题。"庄子所说:"一尺之棰,日取其半,万世不竭。"[4]提出了将事物一分为二,层层分解的辨析方法。孔子和庄子的思辨角度虽有不同,然而两者都使用了一分为二的方法,表明他们已能运用辩证的观点来分析和把握事物。

中国古代的辩证思维和整体思维有着密切的联系。"天人合一"

---

[1] 赫拉克利特(约前540—前480)　古希腊哲学家。
[2] 《周易·系辞》　《周易大传》中的篇章。
[3] 语出《论语·子罕》。
[4] 语出《庄子·天下》。

说是整体思维,然而,"天人合一"说把天和人作为一对互相对立而又统一的范畴,体现的却是辩证思维。"阴阳五行"说也是如此,阴阳五行作为一个整体,可以分解为阴阳和五行两个系统,其中阴阳是一对互相对立而又统一的范畴,五行是五个要素间对立而又统一的范畴。阴阳和五行内部的各要素不是固定不变的,阴阳之间有对峙消长的变化,五行之间也有相生相克的转变,这些都属辩证的思维。

由于中国的辩证思维和整体思维存在密切的联系,因此,中国的辩证思维比较重视在对立中求统一,认为和谐与平衡是理想的状态,这和西方的辩证思维强调斗争的思想特点有所不同。

三、直觉思维

直觉思维是指思维的主体对于思维对象的直接认识,它不是一种逻辑的、理性的认识,而是一种在直观和体悟的基础上认识、把握事物的思维方法。直觉思维的思维对象是以整体面貌呈现的,因此,它和整体思维也有内在的联系。

中国文化的直觉思维起源很早,据古史传说,汉字的发明者是黄帝时代的史官仓颉,他从天上的星星,地上的鸟兽、山川等自然之物的形状中得到启发,创造了文字。这一传说有神话的色彩,因为文字的发明不是一时一人能完成的,然而,它透露了中国文字的初创与先民对自然之物的直观思维是有极大关联的。

半坡陶器刻画符号

直觉思维除了是直观的思维外，它也是一种用体悟的方式进行的思维。所谓体悟，是指在直观的基础上，以心灵的感悟来把握事物。它无须经过分析，也不要求逻辑的判断，而是强调直接的感受。先秦时代，道家的创始人老子曾提出，以"守静"、"致虚"等方法排除心灵中的杂念，进入直觉状态，领悟"道"的奥妙。这就是一种体悟的思维方式。佛教传入中国后，出现中国化的宗派禅宗。禅宗提出以"顿悟"的方法领会佛学的精义。"顿悟"是指人在取消一切思虑的状态下突然出现的领悟，所谓"不假思索，一触即觉"就是这一思维现象的描述。"顿悟"说把直觉思维发挥到了极点，这一方法后来对程朱理学和陆王心学产生一定影响，为封建社会后期的儒家思想增添了活力。

四、类比思维

类比思维是指因两个对象内部属性的某些相似，而推出它们在其他方面也相似的思维方法。

古人常把"阴阳五行"中的五行与五味、五色、五音[①]、五脏、五气、五方相类比，认为它们之间存在如下的对应关系：

五行：土 金 木 火 水
五味：甜 辛 酸 苦 咸
五色：黄 白 青 红 黑
五音：宫 商 角 徵 羽
五脏：脾 肺 肝 心 肾
五气：湿 凉 温 热 冷
五方：中 西 东 南 北

---

① 五音　中国古代的音阶，相当于现代音阶的1、2、3、5、6，即do、re、mi、sol、la。

这些对应的事物从性质上说是相异的，然而被放在了一起。似这样把异质的对象类比的例子还有很多，如一些流传很广的俗语："江山易改，本性难移"、"马善被人骑，人善被人欺"、"高鸟尽，良弓藏；狡兔死，走狗烹；敌国灭，谋臣亡"都是把异质的事物加以类比。

类比思维还可以将多个对象进行类推，如《大学》[①]："身修而后家齐、家齐而后国治，国治而后天下平。"是把修身、齐家、治国、平天下[②]四个对象类推，四者之间一环接一环，步步推进。

类比思维在异质事物之间进行类比，是把异质事物作为具有相同结构的对象看待，它的思维基础是一元论宇宙观。一元论宇宙观主张世界只有一个本原，《老子》说："道生一，一生二，二生三，三生万物。"即是一种一元论宇宙观。按照《老子》的说法，万物都是从"道"这个本原产生，而万物既然源于一体，相互之间必然存在诸多的联系，因此，即使异质事物间也能互相类比。这就是类比思维形成的思想基础。这一思想基础从根本上说，也是与整体思维的原则相一致的。

五、经学思维

"经"的原义为纺织时在织机上上下方向排列的经线，它与左右方向排列的纬线相对。由于纺织的顺序是先织经线后织纬线，经线在纺织中起重要的引导作用，因此，"经"就有了指导、原则等引申意义，于是，典范性的书籍被称为经。

经学思维所说的经学特指儒家学说。西汉时，汉武帝采纳董仲舒

[①] 《大学》　原为《礼记》中的一章，程颢、程颐将其抽出单列，朱熹将其编入《四书》。
[②] 修身、齐家、治国、平天下　儒家传统思想的信条。修身指完善自我的道德修养，齐家指管理好家庭、家族，治国指参与国家政治，平天下是以儒家理想平定天下。

的建议,"罢黜百家,独尊儒术",把儒家典籍尊为经,儒家学说成为具有官学地位的经学。从这以后直至清末,经学始终是中国的学术中心,历代人士在对经学的研究中,形成了稳定的经学思维方式。

经学思维的表现之一是崇尚权威。儒家典籍由统治者法定为"经书"后,具有不容怀疑的权威地位,加上熟读经书可以做官,因此,经书成为崇拜的对象,经学研究成为学术研究的唯一中心。在这种情况下,人们普遍相信世界的法则已由经书确定,后人解决任何现实问题,只需从经书中去寻找答案。由于经书的权威地位,人们只用注解的方式对其研究,许多人皓首穷经①,只是为了对经书的文句作出解释,或者写出一篇符合经书原义的文章。有人即使想发表自己的见解,也必须把思想附会在经书上,引经据典,然后发挥自己的见解。在这种情况下,人们的思想受到经书文本的严重束缚,缺乏怀疑、创新的动力。

复古也是经学思维的一个特色,这是因为被尊之为经学的儒学本身就有崇古复古的思想传统。儒学产生于宗法制的社会,有着强烈的祖先崇拜情结和崇古复古的观念。一般来说,追思怀念古老的事物,想象以往的时代是美好的黄金时代几乎是世界上所有民族都曾有过的自然倾向,然而,儒学把这种倾向发展到极端的程度。在儒学看来,愈古老愈久远的事物愈有神圣性,于是,夏商周三代被儒学描述成理想中的社会,尧、舜、禹、汤、文、武、周公②等先王成为儒学崇拜的

---

① 皓首穷经　意为到老年头发白了还在研读经书。

② 尧、舜、禹、汤、文、武、周公　尧、舜、禹都是古史传说中的人物。尧、舜担任部落联盟首领;禹成功治理水患,成为夏朝的第一代君主。汤是夏朝末年商族的首领,率众推翻夏朝,建立了商朝。文指周文王,商朝末年西方诸侯的领袖,为伐商做好了准备,但未及出师已死,周朝建立后,被尊为文王。武是周文王的儿子周武王,率众推翻商朝,建立了周朝。周公是周武王的弟弟,武王死后,辅佐成王继位,制定了宗法制、分封制等政治制度。

圣人。儒学的崇古复古思维把旧事物神圣化，产生了以祖宗之法为法的信条。到了经学时代，儒学的崇古复古精神被放大并被长期保有，成为经学思维的特色。

第三节 中国传统思维方式的价值

思维方式是认识世界的方法，也是行为处事的指南。中国的传统思维方式在历史上对于中国社会的发展是起了重要作用的，这一作用该如何来评价呢？

我们认为，中国的传统思维方式在历史上有着正面和负面的双重作用。从正面来看，传统思维方式的整体思维、辩证思维、直觉思维、类比思维等方法对于中国古代的科技发展起了重要作用，中国的传统医药学就是建立在这一思维基础上的，中国古代还有很多领先于世界的科技发明。爱因斯坦曾经提出过一个问题，他说："西方科学的发展是以两个伟大成就为基础的，那就是：希腊哲学家发明了形式逻辑体系（在欧几里得几何学中[①]），以及在文艺复兴[②]时期发现通过系统的实验有可能找出因果关系。在我看来，中国的贤哲没有走上这两步，那是用不着惊奇的。令人惊奇的倒是这些发现毕竟做出来了。"[③]

[①] 欧几里得几何学　几何学的一门分科。公元前3世纪，古希腊数学家欧几里得研究整理了当时的几何知识，撰写成《几何原本》一书，使几何学成为一门建立在逻辑推理基础上的数学学科。

[②] 文艺复兴　14世纪兴起于意大利，15世纪盛行于欧洲的宣传人文精神的思想文化运动，被看作世界近代史的开端。

[③] 出自爱因斯坦《给J·E·斯威策的信》。

爱因斯坦的问题提示人们注意到，中国的传统思维方式虽然缺少西方那样的形式逻辑，然而，却有着其他形式的丰富的思维方法，这些思维方法对于中国古代的科技发明起了某种促进作用。

中国传统思维方式的正面作用还有其他的体现，如，传统思维立足于人伦关系，对于道德规范的建立和社会秩序的稳定具有积极意义，其整体、辩证、直觉、类比等多种形式的思维方法对古代的伦理学、文学、美学、艺术等学科的繁荣起了重要作用，即便人们批评较多的经学思维，在积累文化传统方面也有着不可抹杀的贡献。

当然，中国传统思维方式的负面作用也是很多的。以科学发展来说，由于整体思维具有笼统、模糊的特点，妨碍了思维的精确性，而且，整体思维主客体不分，也导致主体思维难以对客观事物有真切的把握。因此，中国古代尽管有许多发明创造，但是，不少发明因缺少明晰的逻辑推理，显得含糊而神秘。

中国传统思维方式的负面作用还表现在直觉思维与感觉经验直接联系，在思维过程中缺乏必要的中间环节；经学思维束缚人们的思想，使思维的创造性功能受到严重压抑。

近代以来，随着西方形式逻辑和马克思主义哲学的传入，中国文化的思维方式有了很大改观。然而，传统的思维方式在现代社会仍有影响。如传统经学虽然已经没落，但是经学思维并未彻底消失，十年动乱①期间，经学思维披着革命的外衣盛行一时。当然，传统思维方式在现代社会并不是完全消极的，其中有不少富有价值的内容。如传统的整体思维与当代系统论的整体思维存在内在的相似

---

① 十年动乱　指1966年至1976年的中国"文化大革命"。

性，传统的辩证思维关于和谐与平衡的观念，对当代世界政治的发展也具有重要的积极意义。因此，我们应该历史地、辩证地评价中国传统思维方式。

思考题

1. 为什么说整体思维是中国传统思维方式的基础和核心？
2. 中国古代辩证思维的特点是什么？
3. 经学思维对于中国历史的发展起了怎样的作用？

第五章　中国的传统伦理道德

中国是一个重视伦理道德的国家，几千年来，伦理道德思想在中国文化中居于中心地位，不仅体现于个人的思想品德、行为规范之中，而且和国家、社会的政治生活、经济生活等各方面都有联系。因此，了解中国的传统伦理道德，成为学习和研究中国文化不可缺少的关键环节。

第一节　传统伦理道德的发展历程

中国伦理道德思想的发展历程与中国文化的发展历程有着高度的一致性。考古发现，殷商①甲骨文字中有"礼"、"德"、"孝"等文字，说明商朝末期已有伦理道德思想产生。西周时期，周人汲取商朝灭亡的教训，提出"以德配天②"、"敬德保民③"的思想，首次把

---

① 殷商　商朝前期经常迁都，后期迁都至"殷"（今河南安阳）之后，至商朝灭亡，二百多年没有迁都，而这一阶段是商文明发展最快的时期，因此，通常把商朝称作殷商。
② 以德配天　亦称"以德配天命"，西周政治思想。意为王的权力来自于上天授予的"天命"，但不是固定不变的，有德者可承受"天命"，失德者会失去"天命"，因此，统治者必须做一个有德的明君。
③ 敬德保民　西周政治思想。因为有德者才能承受"天命"，所以要"敬德"。而"民之所欲，天必从之"，因而"保民"能获得上天的保佑。

道德和政治加以联系，开创了中国文化"德治①"传统的先河。春秋战国是伦理道德思想极大发展的时期，当时，诸子百家中的各主要学派几乎都有伦理道德学说，其中主要有儒家、墨家、法家、道家。儒家的伦理道德学说以孔子、孟子为代表，孔子把"仁"作为最高的伦理道德准则，将其他的道德规范如"礼"、"信"、"孝"、"悌"等置于其下，构建了中国历史上最早的成体系的伦理道德思想。孟子在孔子仁学的基础上，提出了五伦说、性善论②、修养论，并论证了仁、义、礼、智在道德体系中的重要作用，发展和完善了儒家的伦理道德体系。墨家把"义"作为最高的伦理道德准则。墨家的"义"与儒家倡导的"义"有所不同，儒家的"义"是"仁"的延伸，而墨家的"义"是独立的，其基本内涵为墨家倡导的"兼爱③"与"互利"。以管仲为代表的早期法家把"礼"作为最高的伦理道德准则。管仲提出"礼、义、廉、耻"是国之四维④，其所说的"礼"偏重于法度等礼的外在形式，而儒家对于"礼"的理解偏重于内心自觉遵守的道德规范。由于法家崇尚外在的约束力量，因此，后期的法家如韩非子极端崇尚法律在治理国家中的作用，以至于完全否定伦理道德的教化作用。以老子、庄子为代表的道家以"道"为最高的伦理道德准则。道家认为，"道"的本质是无为⑤，因而，他们对道德的看法与儒家有根本不同，如庄子就提出，一个人行善要为名所累，作恶则为刑所累，因而人生固然不可作恶，也不必行善。这种看法实际是以无道德作为

---

① 德治　即以德治国。

② 性善论　孟子人性论的思想，认为善良是出于人的天性。

③ 兼爱　墨子的主要思想，意为人与人之间不应受等级、地位、地域等限制，要彼此相亲相爱。

④ 国之四维　"四维"指四个方面，国之四维好比支撑国家大厦的四根柱子。管子把礼、义、廉、耻作为国之四维，以突出其重要性。

⑤ 无为　道家的哲学思想。意为顺应自然，对事物、人性、社会不加干涉，任其自然发展。

最高的道德。

春秋战国时，儒家的伦理道德学说只是诸多伦理道德思想中的一家，但是，西汉时期，自董仲舒的建议"罢黜百家，独尊儒术"被汉武帝接受以后，儒家的伦理道德就成为统治阶级肯定的意识形态，受到大力提倡和发扬。董仲舒并不是原封不动地照搬先秦儒家的伦理道德，他提出了"三纲五常"的说法。"三纲"是"君为臣纲、父为子纲、夫为妻纲"，"五常"是"仁、义、礼、智、信"五种道德，用作调整、规范君臣、父子、兄弟、夫妇、朋友"五伦"关系的行为准则。"三纲"从"五伦"发展而来，先秦儒家的"五伦"是一种双向互动的关系，具有较多的人情味，而"三纲"则强调单向的绝对服从关系，它显示了君主专制体制下伦理道德思想的变化。董仲舒为了使"三纲五常"伦理思想具有绝对的权威，还抬出了神秘的"天人感应[①]"说，把"三纲五常"说成是"天意"。

董仲舒之后，以"三纲五常"为核心的儒家伦理成为正统的伦理思想。然而，魏晋南北朝时期，这一思想受到玄学和佛教思想的冲击。玄学倡导无君论，而且推崇纵欲行乐，是对儒家伦理道德的反叛。佛教宣扬善恶因果报应，和儒家的伦理思想亦有陌路之感。与玄学和佛教不同的是，这一时期的道教却对儒家伦理有所吸收，道士葛洪在《抱朴子》一书中批判无君论，呼吁社会应恢复仁、义、忠、孝等道德规范。到了唐朝，又有韩愈著文力主恢复儒家的"道统[②]"。葛

[①] 天人感应　中国古代哲学术语，其思想源于先秦时代，西汉董仲舒正式提出此术语，其意为天和人是相通的，能够互相感应，天能干预人事，人亦能感应上天。人间君主如不仁不义，违背天意，天就会出现灾异以示警告，反之，人间君主施行仁义，政通人和，天就会降下祥瑞以示鼓励。

[②] 道统　儒家传道的脉络和系统。孟子认为孔子学说是上接尧、舜、禹、汤和周文王，并认为自己是孔子之后的正统继承者。韩愈提出了儒家的传道系统为"尧、舜、禹、汤、文、武、周公、孔、孟"，声言自己继承孔孟之道，是儒家的正宗。朱熹则认为，儒家的道统是由周敦颐、二程（颢、颐）上承孟子，而他又继周、程成为儒家的正统。

洪和韩愈虽然都没有给儒家的伦理道德思想提供新的东西，然而，他们的努力为儒家伦理道德的复兴开辟了先河。

儒家伦理道德的全面复兴是在宋明理学产生之后出现的。宋明理学是以儒学思想为主体，吸收了佛教和道教的某些思想而形成，因此，宋明理学构建的伦理道德思想和先秦汉唐时期的儒家伦理道德思想已有所不同。宋明理学最重要的学派是程朱理学和陆王心学，两派都以"理"作为宇宙的本体和道德的本原，其中程朱理学认为，"理"是外在于人的"天理"，陆王心学则认为"理"存在于人的内心。儒家的伦理道德学说经过宋明理学的重建，由原来的"人道"转变成了"天道"，使之具备了神圣性和永恒性。理学还把"天理"与"人欲"处于对立的位置，提出"存天理，灭人欲"的口号，主张彻底去除人的一切私欲，以完善德性的修养。天理人欲对立的本质是公与私的对立，这一对立，凸显了传统伦理道德思想中个人服从整体的价值观，同时，它也成为封建社会后期道德专制主义的舆论工具。

宋明理学建立的伦理道德体系在中国封建社会后期成为官方倡导的意识形态，然而，明末清初时，一些进步思想家纷纷对其提出怀疑和批判。明末思想家李贽是对理学的伦理道德体系发难的第一人，他从王阳明的心学出发，创立了"童心说[①]"，认为人欲是源于本心的纯真的东西，反对把人欲与天理对立起来。明末清初的黄宗羲、顾炎武、王夫之等思想家也对传统的伦理道德进行批判。三人都对忠君的封建伦理有所抨击，黄宗羲提出："天下为主，君为客。"顾炎武把亡国与亡天下加以区别，提出本民族王朝的改朝换代只是亡国，外族入侵导致的国家灭亡是亡天下。保卫一家一姓的国家，是君主及其大

[①] 童心说　明末思想家李贽的文学观念。童心即真心，也即真实的思想感情。李贽主张作家应保持"童心"，在作品中真实地反映自己的思想感情和内心欲望，以使文学存真去伪。

臣的事，而保卫天下是所有百姓的责任。后人把这些话概括为"天下兴亡，匹夫有责"。王夫之也提出："天下非一姓之私也。"王夫之还对理学的"存天理，灭人欲"提出异议，主张天理寓于人欲之中。

明末清初思想家对理学的批判对后人产生启迪和影响，清代中期，戴震对理学的专制思想给予尖锐的批判，指出所谓天理只是尊者、长者、贵者用来压制打击贱者、幼者、卑者的工具，其实质是"以理杀人"。

明末清初和清代的思想家对于封建伦理纲常的批判，是中国的传统伦理道德迈向近现代社会的先声。鸦片战争后，在社会巨大变革的带动下，传统伦理道德正式开始向近现代社会演进，直至今日，这一演进还在继续。

第二节　传统伦理道德的主要内容

中国传统伦理道德是一个庞大的体系，它的主干是儒家伦理道德。几千年来，中华民族在道德实践中，积累了丰富的道德规范，这些规范用专门的术语表示，每一个规范都有其独特的内涵。认识这些规范是了解中国传统伦理道德所必需的。以下是常见的伦理道德规范：

"仁"，本指人与人之间相互亲爱。孔子把它作为最高的道德准则。

"义"，指公正、合理、应当做的，亦可泛指仁义道德。

"礼"，原指宗教祭祀的礼节、仪式，后引申为符合身份地位的行为规范。

"知"，与"智"相通，指聪明、智慧，也指知道、见解、知识、学识。

"信"，指诚实，讲信用。

"孝",指对父母和长辈要孝顺。

"悌",指对兄长要敬重、服从。

"忠",原义是为人诚恳厚道、尽心尽力,后指忠于他人、忠于君主及国家。

"恕",意为原谅、宽容,从自己推想到别人。

"节",指气节、节操。

"勇",指勇猛、果敢。

"毅",指坚强、果断。

"恭",指恭敬、谦逊。

"宽",指宽厚、器量大。

《二十四孝图·涌泉跃鲤》　陈少梅

"敏",指勤恳、奋勉。

"惠",指关心他人,给人以好处。

"温",指温顺、平和。

"良",指善良、友好。

"俭",指俭朴、节俭。

"让",指谦让、礼让。

"廉",指清廉、廉洁。

"耻",指知耻、自检。

"和",指和睦、和谐。

"中庸",指不偏不倚,允当适中。

这些伦理道德规范都是中国传统伦理道德的德目,它们多以成组形式出现,如"仁、义、礼、智";"礼、义、廉、耻";"孝、悌、忠、信";"恭、宽、信、敏、惠";"温、良、恭、俭、让";"忠、孝、节、义"等。"仁、义、礼、智"最先由孟子提出,后经董仲舒的补充,成"仁、义、礼、智、信",称为"五常";"礼、义、廉、耻"是管子首先提出的,称作"国之四维",宋元时期,人们在其前面加上"孝、悌、忠、信",称作"八德";"恭、宽、信、敏、惠"是孔子在给学生解释如何使天下为仁时提出的一组德行;"温、良、恭、俭、让"是孔子的学生子贡向人描述孔子是如何与人相处的一组德行。"忠、孝、节、义"为明清时代流行的成组形式的道德范畴。

中国传统伦理道德思想的内容是极其丰富的,其主要表现在以下几个方面:

一、注重人伦

人伦是指人与人之间的道德关系。其核心是家庭成员之间的关系,包括亲子关系、夫妇关系、长幼关系。中国传统伦理道德所说的人伦在这三者之外，又加上君臣关系、朋友关系，合起来称作"五伦"。五伦关系的具体体现是：父慈子孝、夫妻和顺、兄友弟恭、君贤臣忠、朋友有信。

父慈子孝是说父母对子女怀有仁慈之爱，子女应该孝顺父母。孝不仅是要在物质生活上赡养父母，而且要对父母尊重、敬爱、顺从，使他们得到精神上的安慰。传统的孝义还把传宗接代视为对父母、祖先的最大孝敬，所谓："不孝有三，无后为大。"古人认为不孝的行为有三个，其一是不懂得顺从父母，违背父母的心意；其二是当父母年老时，儿子因家里没钱，无法侍奉父母，不能光宗耀祖；其三是没有后代子孙，使祖宗坟墓无人祭扫。在这三个不孝中，没有后代是最为严重的。

夫妻和顺要求夫妻之间互敬互爱，做到夫义妇德，夫义是说丈夫对妻子要忠贞，不能见异思迁。妇德是对女子德行的要求，古人把女子的德行归纳为妇言、妇容、妇功、妇德，合称"四德"。妇言要求女子的言语要柔和温顺，妇容要求女子的容貌要端庄有礼，妇功要求女子会操持家务，妇德要求女子保持贞节，侍奉好公婆、丈夫，养育好子女。古代社会男尊女卑，女子在家庭中的地位是不高的，《仪礼》中就有规定，女子一生有"三从"，"未嫁从父，既嫁从夫，夫死从子。"此

举案齐眉　五代　卫贤

"三从"加上"四德",称作"三从四德"。

兄友弟恭要求兄长要爱护自己的弟弟妹妹,弟弟妹妹也要尊敬顺从兄长。

君贤臣忠是把家庭中的父子关系扩大到君臣,要求君王像爱护自己的子女一样爱护臣民,施行德政。同时,要求臣民像对待自家的父亲那样尽心竭力地效忠于君王。

朋友有信要求朋友之间做到言而有信、诚实不欺。

五伦在古代是人们普遍遵守的行为规范,它对社会的安定、家庭的和谐起了重要的作用,但是,五伦道德存在着男尊女卑的思想。西汉时,董仲舒又在五伦的基础上提出"三纲",将"君、父、夫"的权力无限扩大和神化。以今人的眼光看,这些都属于文化的糟粕,应该予以批判。

二、以德治国

以德治国是要求统治者在国家治理中遵循道德规范,施行德政,并注重道德的教化作用。中国德治思想的源头是西周时代"以德配天"、"敬德保民"的思想,孔子在此基础上,提出了"为政以德"和行"仁政"。孔子认为,道德教化是为政的基础,统治者如果用政令和刑法来约束民众,会使民众因怕受刑罚而避免犯罪,然而他们不懂犯罪是可耻的;统治者如果以道德和礼仪来教化民众,民众感到犯罪是可耻的,就能自觉地遵守社会规范。孔子极力倡导"仁政",反对苛政、恶政,他说:"苛政猛于虎。"[①]把残害人民的苛政、恶政看作比老虎还要凶猛的东西。孔子之后,孟子、董仲舒等继续阐发以德治国的思想,终使以德治国成为儒家伦理道德的重要思想。

---

① "苛政猛于虎"　语出《礼记·檀弓下》。意为苛政比老虎还凶猛。

以德治国具体而言有三方面的内容。第一，它要求执政者在政治上宽民，在经济上惠民，做到"省刑罚，薄赋税"。第二，它要求执政者在道德上率先垂范，做到正人先正己。第三，它重视道德的教化作用，将道德思想教育作为立国之本。

以德治国将伦理道德和国家政治有效地结合，是古代政治文明的集中体现。然而，它也使得民众把希望寄托于明君和清官身上，使社会管理中产生了"人治"重于"法治"①的现象。

三、重公抑私

重公抑私的实质是传统伦理道德中的整体意识。所谓整体，是指社会、民族和国家，古人称其为"公"。"公"与"私"是相背的，古人很早就有重公抑私的道德意识，《尚书》、《左传》等典籍有"以公灭私"，"公家之利，知无不为，忠也"，"临患不忘国，忠也"等重公抑私的话语。春秋战国时的儒、墨、法、道诸家都赞成重公抑私，其中有儒家的"致忠而公"、"公而忘私"、"天下为公"，墨家的"举公义，辟私怨"，法家的"无私"、"背私"，道家的"圣人无心，以百姓心为心"。这些思想最终汇成了传统伦理道德的规范——公忠。

公忠兼有公与忠两个含义，其意是指对国家、民族、社会利益的忠诚。它强调在国家、民族、社会利益面前，不考虑个人的私利，为社会尽责，为国家和民族尽忠。公忠道德有益于官员的清正廉明，也激励了无数志士仁人的爱国情怀。在公忠道德的感召下，历代志士仁

---

① "人治"重于"法治" "人治"是依靠道德高尚的人通过道德感化来治理国家，"法治"是依靠法律来治理国家。儒家的政治思想重视"人治"的作用，主张通过各级统治者的以身作则，为政以德，使国家得到治理。

人为拯救国家民族的危亡,不惜牺牲个人的生命。公忠道德将整体利益作为最高的价值取向,是爱国主义和民族凝聚力形成的重要基础。然而,在君主封建制时代,公忠道德亦被理解为忠于封建君王,对封建专制主义起了助长作用。此外,它也是盲目忠君崇上的愚忠现象产生的根源。

四、重义轻利

在中国传统伦理道德体系中,义,一般指仁义道德;利,是指物质利益和功利。春秋战国时代,儒家、墨家、法家、道家对义和利的关系有各种不同看法。儒家把义和利处于对立的位置,提出重义轻利的观点;墨家认为,义和利不是对立的,提出义利兼重的主张,即两者都要重视;法家主张贵利轻义,对利持肯定的态度;道家崇尚自然,认为义和利都是人为的,两者都须摒弃。在这些观点中,儒家的主张影响最大,传统伦理道德以儒家思想为主干,因此,重义轻利成为传统伦理的基本观念。

儒家的重义轻利思想发端于孔子,孔子把重义与重利作为君子与小人的道德区别,告诫人们要先义后利,见利思义。孟子进一步强调义,排斥利,他在回答梁惠王怎么有利于他的国家的问题时,提出何必谈到利,只要有仁义就可以了。孟子还提出,当生命与道义发生冲突,两者必须选择一项时,宁可"舍生取义[①]"。

孔孟的义利观在后世得到继承发扬,重义轻利成为社会生活中普遍认可的价值观,后世把忠于国家民族称为"忠义",把孝敬父母长辈称为"孝义",把关爱他人称为"情义",把遵守信用称为"信义"。汉语中还出现了"义不容辞、见义勇为、忠肝义胆、仗义执

---

① 舍生取义　为了正义的事业不惜牺牲生命。

言、伸张正义"等一大批体现"重义"价值观的词汇。

儒家重义轻利的价值观和重公抑私的价值观是一致的,它们培育了中华民族崇尚正义、大公无私、精忠报国、清正廉洁等美好的品德,然而,把"义"与"利"、"公"与"私"截然对立的思维也存在某些缺陷,宋明理学提出的"存天理,灭人欲"就是这一思维发展至极端的结果。

五、崇尚气节

气节意为志气与节操,儒家文化倡导人要有气节。孔子在讲到"仁"的时候,指出志士仁人是不惜以牺牲自己的生命来实现仁道的,此即"杀身成仁"。它和其后孟子讲到的"舍生取义"是一个意思,都是强调正义不可屈辱,必要时要用生命来捍卫正义,这就是气节的体现。气节是一种高尚的人格,孟子说:"富贵不能淫,贫贱不能移,威武不能屈,此之谓大丈夫。"① 后世之人把这三条作为理想人格的标准。

孟子

---

① "富贵不能淫,贫贱不能移,威武不能屈" 语出《孟子·滕文公下》。意为做人应固守自己的原则,不受富贵的诱惑,不因贫贱而动摇,不被武力的威胁所屈服。

在儒家文化的熏陶下，崇尚气节成为中华民族普遍认可的人格精神，人们对那些坚持理想人格，不曲意逢迎，不屈服于权势，甘愿为正义事业英勇牺牲的民族英雄、志士仁人充满敬意，而对那些丧失气节，卖身求荣的汉奸、叛徒无不予以鄙视。

六、修身为本

修身意为道德的自我修养。儒家文化重视道德的作用，因而对修身特别关注，在儒家的观念中，修身是齐家、治国、平天下的基础，是一个人立身处世、实现自我价值的首要条件。受儒家文化的影响，传统伦理道德形成以修身为本的重要理念。

儒家对修身有两种认识，孟子认为，人性本来是善的，具备道德的要素，道德修养可通过"内求于心"的方式进行；而荀子认为，人性本来是恶的，但可以在外界的影响下弃恶从善，因此，道德修养"必求于外"。孔子在人性善恶问题上虽无明确表示，但是，他提出的"为仁由己"主张，也有道德内求的倾向。

传统伦理道德的修身有慎独、内省、知耻、养气等许多具体的方法。慎独是说人在自我独处、无人监督时也要做到严格要求自己。内省是检查自己的过失。孔子的学生曾子十分注重内省，他说："吾日三省吾身①——为人谋而不忠乎？与朋友交而无信乎？传不习乎？"这句话的意思是："我每天反省自己，替别人办事是否尽心尽力了呢？同朋友交往是否诚信呢？老师传授给我的知识是否掌握了呢？"知耻是要有羞恶之心，懂得什么事是羞耻的，不能去做。养气是"养浩然之气"。孟子提出，浩然之气具有宏大、刚强的特点，它充满于天地

---

① "吾日三省吾身"　语出《论语·学而》。"吾"表示我。"省"是反省，检查。原意为我每日从三个方面反省自己，后来演变为每日多次反省自己。

之间，与义、道相配，靠正义的行为不断积累而养成。以今人的眼光看，浩然之气的实质是追求一种崇高的道德情怀，它使人从内心产生积极向上的充实的精神力量。

修身为本的思想在中国有广泛影响，它培养了人们践履道德的自觉性和主动性，造就了中华民族重视精神生活的民族品格。

第三节　传统伦理道德在中国文化中的地位和作用

文化由哲学、宗教、文学、艺术、科学、技术等各个分支构成，但是，文化不是这些分支的简单相加，其中必有一些特定的具有关键意义的东西在起中坚作用。一般认为，文化的各个分支以哲学最为重要，人们称哲学是文化的灵魂。由于中国哲学体系的核心是伦理道德学说，因此，伦理道德在中国文化中占有极其重要的地位。

中国传统伦理道德对文化的各个分支都有影响。中国哲学和西方哲学比较，在推理、论证方面不是强项，这是因为中国哲学的核心是伦理道德学说，伦理道德是富于实践性的，它不需要严密的思辨。由于这个原因，使得实践哲学成为中国古代哲学的基本倾向和特质。传统伦理道德对中国宗教也有制约，道教是中国土生土长的宗教，道教的理想是修炼成仙，但是道教认为，如果没有道德修养，光是修炼方术，是不会得道成仙的；佛教是外来宗教，佛教传入中国之初流行不广，后来接受了儒家的伦理道德，才在中国扎下根来。中国的文学艺术以尽善尽美为最高的审美评价，但在"善"与"美"两者之间，往往强调"善"的意义，认为"尽善"应高于"尽美"。"善"是一种内在的精神美，它的实质就是传统的伦理道德。中国的传统科学技术同样把伦理道德作为首要的价值取向，认为，科技实施的第一目标是有利于德性提升的"正德"，然后才是有利于社会民生的"利用厚生[1]"问题，这一认识把道德放在知识的前面，和西方人信奉的"知识就是道德"的概念是完全不同的。

传统伦理道德在文化中的作用不仅体现在对文化各个分支的影响上，它还承担了社会的教化、凝聚、调控等重要功能。

传统伦理道德的教化功能来自两个方面的力量。一个方面是以德治国的思想，统治者在这一思想作用下，采用自上而下的方式向民间传输道德思想。另一个方面是文化环境，几千年来，传统伦理道德已经深入中国人的社会生活，形成为文化环境。每个中国人一生下来，就置身于这一文化环境中，不可避免地受到传统伦理道德的影响和教化。

传统伦理道德的凝聚功能有两个主要表现。其一，传统伦理道德在历史上曾经是团结、融合各族人民的纽带。在古代，汉族的伦理道德对周边民族有着重要影响。中国历史上的统治者有汉族的，也有非汉族的，但是，非汉族的统治者入主中原之后，无不自觉地奉行儒家思想，遵守以儒家思想为中心的伦理道德。由于这个原因，入主中原的非汉民族很快就会被汉族的文化征服，人们称之为"汉化"。从中国的历史看，传统伦理道德对于中华民族共同体的形成无疑作出了巨大的贡献。其二，传统伦理道德在反对异民族的入侵和压迫方面具有重要作用。中国历史上的中原王朝多次遭受异民族的入侵，在民族危难面前，传统伦理道德成为团结和凝聚人民奋起抵抗的强大精神力量，"天下兴亡，匹夫有责"就是这一精神力量的有力口号。

传统伦理道德的调控功能显示在两个方面。一是社会调控，传统伦理道德有各种道德原则和行为规范，它们影响和规范着人们的行为，在处理人与人之间的矛盾方面具有法律所不及的作用。二是个人

---

[1] 利用厚生 "利用"是尽物之用，"厚"是富裕，"生"指民众，意为充分发挥物的作用，使民众富裕。

的自我调节，传统伦理道德重视个人的修养，对于提升个人的道德品质，养成道德习惯具有重要作用。传统伦理道德的调控功能通过社会舆论、风俗习惯、榜样感化和思想教育等方式进行，是促成社会和谐的重要因素。

伦理道德是精神文化的重要组成部分，世界上各民族的文化没有不要伦理道德或不讲伦理道德的，但是，伦理道德在文化体系中具有如此重要的地位和作用，在中国之外恐怕是很难见到的。

思考题

1. 儒家思想与传统伦理道德有什么关系？
2. 传统伦理道德有哪些主要的表现？
3. 传统伦理道德对社会有哪些作用？

第六章 中国的语言文字

语言文字既是文化的载体,又是文化的组成部分。语言文字的生成变化离不开其所处的文化大环境,同时,语言文字也对文化的发生发展产生深刻的影响。因此,语言文字与文化之间有着内在的通约性,是文化的重要表征之一。

第一节 汉语是中国文化的语言代表

中国是一个多民族的国家,语言资源十分丰富。现代中国的五十六个民族大约有八十种语言,分属汉藏、阿尔泰、南亚、马来—波利尼西亚、印欧五个语系。

中国的语言这么多,为什么以汉语作为中国文化的语言代表呢?这是因为,首先,汉语的历史非常悠久,早在五千年前已有了雏形的文字,其口头语言的形成必然更早。汉语的发展过程中没有出现过断层,是世界上历史最为悠久的语言。

其次,汉语的使用人口广泛。中国目前约有十三亿人口,其中汉族有十一亿多,汉族人都说汉语。汉语不仅汉族说,有的少数民族也说汉语。此外,汉族和少数民族交流,以及少数民族之间的交流也用汉语。因此,汉语是中国使用人口最多,分布地域最广,影响最大的语言。汉语在国际上也有重要影响，在古代，汉语汉字曾影响东亚许多国家，形成汉字文化圈。现在，汉语仍是东南亚一些华人集中国家的重要语言。汉语作为一种国际性的语言，还被列为联合国的六种工作语言之一。

再次，汉语是中国文化的主要载体。中国文化源远流长，有着浩如烟海的古代典籍，这些古代典籍基本上是用汉字书写的。离开汉语，就无法阅读中国的典籍，对中国文化的学习自然也无从谈起。

因此，汉语作为中国文化的语言代表应该是当之无愧的。

汉语历史悠久，使用地域广大，时间和空间给汉语留下特殊的印记。

从时间角度看，汉语有文言与白话之分。文言是古代的书面语，它最初建立在口语基础上，但随着时代的推移，文言与口语的距离越来越远，成为一种纯粹的书面语。古代还有一种书面语，称作白话，是唐宋时期出现的，接近于当时的口语。唐宋以后，文言与白话并存于世，但正规的文章都要用文言书写。民国初年出现五四新文化运动，提倡写白话文，反对文言文，文言便渐渐退出了历史舞台。今天，文言虽然已不再通行，可是，由于中国的古代典籍基本上是用文言写的，学习研究中国文化需要懂得文言，因此，文言仍然具有很强的生命力。

从空间角度看，由于中国的地域广大，自古以来，汉语便存在通用语与方言之分。通用语是指通行地域较广的汉语共同语，历史上称作"雅言"、"通语"、"凡语"或"官语"。方言是指地方性的语言。现代汉语的方言主要有八个，即北方方言[①]、吴方言[②]、湘方

[①] 北方方言　汉民族共同语的基础方言。通行于中原、东北、西北、西南广大地区，是中国流行地域最广，使用人口最多的方言。

[②] 吴方言　"吴"原是周朝时的诸侯国，位于今江苏南部一带。吴方言亦称江浙话、江南话，通行于今江苏南部、上海、浙江、江西东北部、福建西北角和安徽南部的部分地区。

言①、赣方言②、客家方言③、粤方言④、闽北方言、闽南方言⑤。其中北方方言是现代汉语共同语——普通话的基础方言。

《走遍中国——带有方音的普通话与普通话对比》

---

① 湘方言　"湘"是湖南省的代称,湘方言又称湖南话,通行于湖南省大部地区和广西北部几县。

② 赣方言　"赣"是江西省的代称,赣方言通行于江西中部、北部、西部,湖南东部,湖北东北部,安徽南部部分地区,以及福建西北部分地区。

③ 客家方言　"客家"是指古代因战乱、灾荒等各种原因从北方移居南方的汉族人,客家方言通行于福建、广东、江西、湖南、台湾、四川等地。

④ 粤方言　"粤"是广东省的代称,粤方言通行于广东、广西境内。

⑤ 闽北方言、闽南方言　"闽"是福建省的代称,闽北方言通行于福建省北部和台湾部分地区,闽南方言通行于福建省南部和台湾、广东、海南岛等地。

北方方言之所以成为普通话的基础方言，是历史原因造成的。中国古代王朝的统治中心大多在北方，因此，北方话在全国通行的地域最广，使用的人口最多，影响最大。现代中国约有70％以上的汉族人口说北方话。近七百多年来，中国的政治、经济、文化中心主要在北京，因而北京话在北方话中最具有代表性。1955年，中国召开了"现代汉语规范化学术会议"，正式提出普通话的标准是："以北京语音为标准音，以北方话为基础方言，以典范的现代白话文著作为语法规范。"这一规定是符合汉语的实际的。

由于普通话是现代汉语的共同语，因此，它是现代中国的代表性语言。

第二节　汉语的文化映射

语言作为文化的载体不仅起着记录文化的工具作用，同时，它自身也是映射文化的一个窗口。汉语的文化映射主要表现在以下几方面：

一、词汇与语用

汉语的词汇附载大量的文化信息，反映词汇产生时的社会文化背景。汉语中有大量以玉（现代玉部首通常写作"王"）和石作部首的字。完成于公元121年的东汉许慎《说文解字》一书，收录了玉部的字227个，石部的字49个。它们有的指玉器的名称，有的指玉的

宋本《说文解字》

颜色、声音、光泽，有的是指治玉的方法，分工非常细。像"琫"（běng），指刀鞘上部的玉饰，"珌"（bì）指刀鞘下部的玉饰，不同部位，名称不同；"琢"、"琱"（diāo）、"理"都是指治理玉器，其区别是手法不同。这些与玉有关的词反映了中国古代大量使用玉器、推崇玉器的文化背景，与考古发现的古代大量玉器文物正好印证。

又如，汉语词汇中表示亲属关系的词分工也很细。与英语比较，汉语的哥哥、弟弟、兄弟、弟兄等在英语中只有brother一词，而与英语的brother-in-law相对应的汉语词有大伯[①]、小叔[②]、内兄[③]、内弟[④]、姐夫、妹夫、舅子[⑤]、连襟[⑥]等一大串。汉语亲属词汇的细致区分是古代宗法制度在语词上留下的烙印，反映了宗法制度下人们对血缘关系亲疏远近的重视。

文化对汉语的影响在语用方面也有体现。如，欧美人对长辈直呼其名不为见怪，中国人视那种行为为不孝；欧美人说话直截了当，中国人喜欢婉转、客套。中国人请客吃饭，明明摆了一桌丰盛的菜肴，可主人却要说："菜很少，做得不好，不成敬意。"主人的话是表示谦恭礼貌的客套话，但是不明白中国文化背景的欧美人对此往往不理解。

二、语言结构

古代汉语以单音节词占优势，书写形式是一个方块字；汉字合形、音、义于一体，没有拼音文字那样的复杂形态成分，这些特点使汉语的

[①] 大伯　指丈夫的哥哥。
[②] 小叔　指丈夫的弟弟。
[③] 内兄　指妻子的哥哥。
[④] 内弟　指妻子的弟弟。
[⑤] 舅子　指妻子的哥哥或弟弟。
[⑥] 连襟　指姐姐的丈夫和妹妹的丈夫互称。

语言单位组合先天就具有灵活、机动的性质。汉语的组词方式灵活，语词之间只要语义搭配，事理明白，就能粘连在一起，不受形态成分的拘束。汉语的词义功能也很灵活，古汉语中有许多词类活用现象，如名词、形容词可用作动词，名词、动词可作为状语，虚词与实词可以转换；现代汉语的动词、形容词可直接充当句子的主语、宾语，而不必像印欧语那样先改变其成分，使其具有名词性才能充当主宾语。汉语的组词造句，以单音词和双音词的弹性组合构成富有音韵的句子。句子的长短、语法的组织随语气的顺畅而变动，表达事理则随逻辑环境而自由运用。汉语结构上的这些特点与汉语的文化特质相关联，有学者把它归纳为"以简驭繁"、"以神统形"[1]，认为汉语的"形"的因素不是主要的，代表功能、意义的"神"的因素比"形"更为重要。这与西方有严格语法形态的语言形成鲜明对比，西方语言是"以形摄神"，而汉语是"以神统形"。汉语的要旨在于强调文意表达的主体意识、主观感受。

汉语的结构特点与其他门类的中国文化精神有内在的相通之处，如中国的传统绘画具有散点透视、以形写神的风格；中国的传统文学创作强调"文以意为主"、"意在笔先"，都是出于同一文化背景。其本质是反映了中国文化特有的整体思维和直观思维的特点。

三、包容力和凝聚力

汉语有较强的包容力。汉语的方言十分复杂，各地方言差异极大，但同以汉字作为书写符号。不同方言的人读相同的汉字，相互之间完全听不懂，对语义的理解却相差无几，而且持不同方言的人还可以用方言读古书，不影响意义的理解。这与拼音文字有很大的不同，拼音文字按照字母的拼写阅读，语音不同，拼写就不同。现代法语、

---

[1] 参见申小龙：《汉语与中国文化》，第269~360页，复旦大学出版社，2005年。

意大利语、西班牙语虽然都源于古代拉丁语,但是法国、意大利、西班牙人不能用现代语法读古代拉丁语写的书。他们学习古拉丁语得先学习古音拼写法,而且即使知道古音如何拼写,对这个音表达什么意思却不一定知道。法语、意大利语、西班牙语各自的区别也很多,没有共同的书写系统,如不加翻译,便无法互相交流。汉语能以一种文字包纳多种方言,显示了其强大的包容能力。

汉语的凝聚力也相当强,它善于吸收来自其他语言的营养,将其混合于自己的系统中。汉语善于把外来的多音节词改造成单音节词,纳入自己特有的声调系统里。古代自其他民族借入的词,如葡萄、石榴、骆驼、狮子等;近代从西方语言中吸收的外来词,如咖啡、雷达、幽默、俱乐部等,如不加说明,很难觉察它们的外来痕迹。汉语中还有许多原来音译的词,经过一段时间后,慢慢地被"汉化"的意译词所代替,如"电话"一词,早期译为"德律风";"话筒"一词,早期译为"麦克风"。如今的意译词"电话"、"话筒"已彻底清除了外来词的痕迹。汉语句子的语序随意性较强,现代汉语表达:"我吃饭了",可以说:"我饭吃了"、"饭我吃了"、"吃饭了我"等好几种句子,语序不固定。用不同方言表达同样的句子,语序更是多种多样。有些语言学家认为,汉语语序的随意性较强是源于混合语法的影响。汉语不是一种"单质"的自然语言,而是一种混合语言,它的形成过程是与中国历史上民族融合的过程一致的。汉语的语法随着民族的融合而发展,赋予了其较强的语言凝聚力。

汉语的包容力和凝聚力与中国文化的包容力、凝聚力是一致的。中国文化有着统一的文化躯壳,然而,其内部存在色彩斑斓的区域文化格局,有以河南为中心的中原文化、以两湖①为中心的楚文化、以山东为中心的齐

---

① 两湖　湖北和湖南的合称。类似的有两广,是广东和广西的合称。

鲁文化、以山西为中心的三晋文化、以陕西为中心的关中文化、以江浙为中心的吴越文化、以广东为中心的岭南文化，以及东北文化、西北文化、巴蜀文化、滇黔文化、西藏文化等。这些区域文化各有自己的特点，但都聚集于中国文化的旗帜下，显示了中国文化的强大包容力。

中国文化在历史发展的长河中，形成了以华夏族——汉族为主体的各民族文化统一体，大一统的观念深深地扎根于中国人的心目中。中国历史上尽管多次出现过政治纷乱的局面，有过南北政权的对立，有过地方政权的割据，但是，不久就又归于统一。统一是中华民族的大势，维系统一的基础是中华民族文化的强大凝聚力。

语言作为文化的组成部分，与母体文化的精神应是相通的。汉语的包容力和凝聚力从根本上说，正是中国文化强大包容力和凝聚力在语言上的具体表现。

第三节　汉字的形成和发展

汉字的历史非常悠久，中国古史传说，汉字的发明者是黄帝时代的史官仓颉，他从天上的星星、地上的鸟兽等自然之物的形状得到启发，创造了文字。仓颉作为史官，有接触文字的条件，他可能参与过文字的整理，对汉字的形成起过一定的作用。但是，把文字的发明归之于一时一人是不可信的。事实上，汉字从萌芽到形成经历了漫长的岁月。中国新石器时代的文化遗址中，曾发现一些陶器上有简单而有规则的刻划符号，如西安半坡的仰韶文化①遗址、山东陵阳河的大汶口

---

① 仰韶文化　黄河中游地区新石器时代文化。1921年首次发现于河南省三门峡市渑池县仰韶村而得名。分布区域包括从今天的甘肃省到河南省之间的整个黄河中游，持续时间大约在公元前5000年至公元前3000年。

文化①遗址都有此等符号发现。文字学家认为，它们极可能是汉字的雏形，其年代距今约有五六千年。到了距今三千多年前的殷商时代，出现了成熟的汉字——甲骨文。而后，汉字的形体经过诸多变化，至东汉末年出现楷书，汉字才得到定型。

陵阳河遗址早期文字雏形

一、汉字形体的演变

汉字的形体从甲骨文到楷书，主要经历了以下变化：

甲骨文 是刻在龟甲和兽骨上的文字。殷商时期，人们迷信鬼神，事事都要卜问吉凶，巫史把占卜的事件和结果刻在龟甲、兽骨上，便是后来所说的甲骨文。甲骨集中于商朝的首都殷墟（今河南安

---

① 大汶口文化　黄河下游地区新石器时代文化。1959年首次发现于山东省泰安县大汶口遗址而得名。主要分布于山东省及江苏省的淮北地区，持续时间大约在公元前4300年至公元前2500年间。

阳），埋于地下三千多年无人知晓。清朝末年，安阳农民耕地时发现甲骨，把它作为中药龙骨卖给药铺。1899年，学者王懿荣发现中药龙骨上有字，甲骨文才被发现。其后，考古学者组织殷墟发掘，陆续出土甲骨15万余片，发现甲骨文单字4500个左右，其中已被识读的约有1700字。甲骨文是迄今所知的中国最早的文字之一，它用刀刻写，笔画较细，直线多，曲线少。尚有较多的图画痕迹，字型不固定，同一字往往有多种写法。但是，它的单字数量多，并已具备象形、指事、会意、形声等汉字的基本造字法。这表明，甲骨文已是一种成熟的文字。

甲骨文

金文 是铸刻在青铜器上的文字。商周时盛行青铜器，帝王及贵族常在青铜器上铸刻铭文，用以记功记事，这些器物连同上面的文字留传后世。上古时代金

金文

铜不分，铜也可以称金，因此，铜器上的文字被称作金文。商周青铜器虽经历史沧桑毁损不少，但保留下来的也很多，宋代以来出土的就有10000件以上，上面有4000多个单字，现在已被识读的有1000多个，其中商代青铜器上的文字较少，西周的文字较多。金文的笔画丰满粗肥，其字形早期跟甲骨文相似，后期图画痕迹降低，符号化程度有了提高。由于早期金文的年代跟甲骨文差不多，因此，金文也是中国最早的文字之一。

大篆 又称籀文，是西周末至春秋战国间的文字。相传周宣王时的太史籀编了一部儿童识字书，后人称作《史籀篇》，称其字体为籀文，或大篆。《史籀篇》早已失传。今天能见到的只是东汉许慎《说文解字》书中收入的200多字。隋朝年间，陕西凤翔县出土10块镌有文字的石头，上面刻有10首四言诗，其文字与大篆相近，被称之为石鼓文。石鼓文至今尚能辨认300多字，学者们认为是春秋时代秦国的石刻文字。

古文 是战国时期齐、楚、燕、韩、赵、魏等六国的文字，它们和秦国的文字有些差别。秦始皇统一中国后，六国文字被禁止使用，其书籍亦在秦始皇焚书坑儒行动中破坏殆尽，少数书籍被人密藏下来，于西汉时重见天日。因其文字与西汉时的字体已不相同，故被称作古文。《说文解字》中收录了部分古文的字体。

小篆 是秦统一之后国家规定的文字，由大篆发展而来。小篆的形体固定，一个字一般只有一种写法，字体的偏旁及

石鼓文

字的各个部分不能随意更改，是汉字历史上第一次规范的字体。李斯、赵高、胡毋敬等人编写《仓颉篇》、《爰历篇》、《博学篇》，用标准的小篆抄写，成为文字的范本。《说文解字》中收有9300多个小篆字。小篆虽然有很大进步，但转折的地方都要写成弧形，书写不太方便，至汉代已不通

战国古文

行，只有用小篆字刻印章的习惯一直沿用至今，成为一门艺术。

隶书 小篆是秦朝的标准字体，当时社会上还流行一种简易快写的字体，因多为"徒隶"所用，称之为隶书。隶书始于秦朝，通行于汉朝。它简化了篆书的笔法，把弧形的笔画改为平直，已接近汉字的现代写法。因此，文字学家把小篆以前的文字叫做古文字，把隶书以后的文字称作今文字。

隶书的书写较简便，下层官吏写公文时多用隶书。有时，为了写得更快，出现减省笔画和连笔书写的隶书草率写法，此即草书的发

小篆

中国文化概说

端。东汉时，草书成为一种书体，楷书出现后，又有楷体的草书。但草书不易辨认，后世朝艺术化的方向发展。唐朝书法家张旭、怀素写的草书，笔意奔放，龙飞凤舞，成为完全脱离实用的艺术创作，被称作狂草。

隶书

行书（行草） 东晋 王羲之《丧乱帖》

楷书 在隶书的基础上发展而来，东汉末年楷书成熟。楷书出现后，汉字的字形正式定型，一直使用至今。

汉字的形体发展至楷书已经定型，但楷书之后又有行书、魏碑体两种字体出现。行书是介于楷书和草书之间

草书（狂草） 唐 张旭《古诗四帖》

的字体，它吸取了楷书和草书的优点，既能较快书写，又易于辨认，与楷书一起流行至今。魏碑体是一种风格独特的楷书，因其形成于北魏，且多见于碑刻，所以称作魏碑体。现代经改进后的魏碑体和隶书常作美术字使用。

二、汉字的基本构造

中国古代很早就有对文字的研究。东汉时，班固在《汉书·艺文志》中指出，汉字有象形、象事、象意、象声、转注、假借六种"造字之本"。稍后一些的许慎在《说文解字》中归纳汉字的结构为指事、象形、会意、形声、假借、转注。后人一般取许慎的名称、班固的次序，用以表示汉字的结构，称之为"六书"。它们

楷书

是：象形、指事、会意、形声、转注、假借。

象形字描摹事物的形状，一见其形就知指的是什么。以下是甲骨文中的象形字日、月、山、水。

魏碑体 北魏《张猛龙碑》

中国文化概说

○日 ⊃月 ⛰山 ⽔水

指事字一般是在象形字基础上增加表明字义的符号或用某种提示性的符号表明抽象的概念。如木的下部加一点表示"本",上部加一点表示"末";弧线上方加一点表示"上",下方加一点表示"下"。以下是甲骨文、金文中的指事字本、末、上、下。

⽊本 ⽊末 二上 ⌒下

会意字是把两个或两个以上的字合在一起,以其字义组合形成一个新字。如两个木合在一起是"林",三个木合在一起是"森",林和森都表示树木很多。人和木两字组成"休",表示一个人靠着树休息。目和人两字组成"见",突出人的眼睛,表示看的意思。以下是甲骨文中的会意字林、森、休、见。

林林 森森 休休 见见

形声字由义符和声符两部分组成,义符表示事物的类别,声符表示读音。如"渔"、"江"左边的"氵"是义符,表示水,右边是声符。"江"的声符与现代读音不符,是古音与今音的变化。形声字是汉字发展的主流,现代汉字中80%以上都是形声字。以下是甲骨文、金文中的形声字渔、江、盂、问。

渔渔 江江 盂盂 问问

转注字的意思是说同一类的字有统一的部首,如果字义相同的可以互相注释。如考和老以"耂"为部首,都有年老的意思。以下是甲骨文、金文中的转注字老、考、孝、寿。

老老 考考 孝孝 寿寿

假借字是遇到新事物时，不造新字，找一个音同或音近的字替代。如以"凤"字假借为"风"，以"父"字假借为"斧"，以道路的"道"假借为道德的"道"，以作为兵器的"我"假借为第一人称代词的"我"。以下是甲骨文、金文中的假借字凤、父、道、我。

凤　父　道　我

"六书"是古人对汉字结构的总结，后人尽管对此有些不同看法，如认为"六书"的前四种是造字法，后两种是用字法。但是，至今为止，研究汉字的结构仍然未能超出"六书"的范围。

三、汉字的改革

汉字与世界上其他文字相比，有许多独特的优点，但是，也存在难认、难记、难写等缺点。汉字属表意文字，很多字不带表音成分，即使带有表音符号的形声字，由于古今语音的变化，许多字已不能按原有的声符认读，对它们的读音得一个个死记。汉字的数量繁多，1994年出版的《中华字海》收有汉字87019个，1999年北京国安字库收入有出处的汉字91251个。这些字虽然大多数已不使用，但目前社会通用的汉字也有一万左右，常用字达三四千，记住、掌握它们的意义及写法、用法不是一件容易的事。况且汉字还有许多多音字、异体字常困扰学习者。

汉字的缺点古人已有某些认识，对一些笔画较多的字古代已有简易写法，如把"雲"写作"云"，把"禮"写作"礼"，古人还用反切[①]等方式为汉字注音。近代以来，在西方拼音文字的影响下，一些中国人热心探索汉字的改革方案，尝试用拉丁字母、速记符号等改革汉字

[①] 反切　中国古代使用的汉字注音方法，用两个字，前一字取声母，后一字取韵母，相拼得出另一字的音。

注音，取得了一些成绩。中华人民共和国成立后，设立了中国文字改革委员会，着手进行汉字的改革。经过多年努力，公布了《第一批异体字整理表》、《汉字简化方案》、《简化字总表》、《汉语拼音方案》、《普通话异读词审音表》、《现代汉语通用字表》等汉字改革方案，其成果主要集中在两方面。第一，简化汉字，以简体字代替繁体字，淘汰异体字，使汉字定形、定量。简化后的汉字并不改变原有表意文字的体系，但减少了笔画，规范了写法，减轻了学习者记读和书写的困难。第二，制订了《汉语拼音方案》，该方案以北京语音为标准音，以拉丁字母为注音符号，在提高识字效率、推广普通话方面发挥了极大的作用。

今后，汉字的改革还将沿着推广普通话、推行《汉语拼音方案》和简化汉字的道路继续走下去。

第四节　汉字的文化意蕴

汉字是一种独特的文字，它除了作为语言记录的符号外，自身还含有文化意蕴。汉字的文化意蕴主要体现在三个方面。

一、汉字含有丰富的文化信息

世界上最古老的文字如埃及的图画文字、苏美尔人和巴比伦人的楔形文字以及中国的汉字都是象形文字。如今前两种文字已成历史陈迹，被拼音文字所取代，只有汉字没有走上拼音文字的道路，仍保留着以形示意的文字形态。汉字的表意功能蕴含着丰富的文化信息，其中古文字中保留的文化信息尤多。例如，"尾"字，甲骨文写作" "，是一个有尾饰的人物形象，它反映了上古时代人类有尾饰的习俗，这是出于动物崇拜的心理。尾饰在一些原始绘画中也有表现，如青海出土的陶盆上有五人一组挂着尾饰跳舞的陶绘，广西花山岩画显示古人祭祀舞蹈的场面，有头插羽毛，腚挂尾饰的人物形象，可与"𢂑"相印证。又如"尸"字，甲骨文写作"𠃉"，是一个坐姿的人形。它反映了古代尸祭的习俗，即人死之后，由一个活人代表死者的灵魂，坐着接受祭祀。似这类文化信息在汉字中有许多，因此，自古代起，中国的学者就已形成以字证史、探究名物的传统，《说文解字》就有这方面的内容。文字学（古代称小学）是一门重要的传统学术。近代甲骨文出土

花山岩画

之后，此类研究的风气更盛。海外汉学界也有从文字入手研究中国文化的风气，形成汉字研究的语源学派。

二、汉字是传统思维的镜像

语言文字与民族的思维方式有密切的联系，汉字在其形成发展过程中亦受到民族思维方式的影响。中国的传统思维有直观的特色，汉字的直观性表现为强烈的写实主义精神。日、月、山、水、人等象形字都是从实物描摹而来，即使指事、会意、形声等造字法也不脱离具体的物象。如"刃"是一个指事字，以一点指示刀的刃口部位。"家"是一个会意字，以"宀"表示屋子，"豕"示猪，屋子里有猪，象征私有财产。猪是原始社会最重要的私有财产，而家是在私有财产出现后才有的概念，"家"字的形象充分说明了这一点。汉字中数量最多的形声字以形旁表示具体的物象，如"氵"与水有关，

"钅"与金属有关，一看就明白，也充满了写实的精神。

中国古人造字的直观性，以许慎的话说，是"近取诸身，远取诸物"。近取诸身即以人体为中心，从人的感觉出发去把握外部世界。汉字中大量的字与人体有关，如数字从一到十，是手指的具象；动词中与手有关的字很多，"取"，甲骨文写作"✋"，是手执耳朵的形象；"秉"，甲骨文写作"✋"，是手握稼禾的形象。汉字的偏旁与人体有关的有亻（人）、身、页（头）、首（头）、面、目、阝、卩（耳）、自（鼻）、口、齿、舌、牙、扌（手）、⻊（足）、爫（爪）、毛、髟（发）、皮、忄（心）、骨、月（肉）等，讠（言）、饣（食）、辶（走）则与人的说话、动作有关。由这些偏旁组合的字在汉字中占有很大的比例。此外，汉字中有些表示抽象意义的字也与人体有关，如"共"，甲骨文写作"🤲"，意为两手共同捧一物品；"美"，甲骨文写作"🕺"，因为古代人们为了狩猎，常常在头上戴上动物的角或羽毛以便接近猎物，后来这种动物角或羽毛成为一种装饰，戴在头上以显示美丽。可以说，汉民族传统的直观思维在汉字中刻下了深深的印记。汉字后来虽然发展了，但具象思维的特点仍然存在，因此，学习者常能"望文生义"，这是学习拼音文字不具备的条件。

三、汉字富有艺术的气息

汉字以形态的丰富和复杂而著称于世，它源于图画，天生富有艺术的气息。汉字的线条不是僵硬的无生命力的，而是具有激越情感的功能。汉字是书法艺术之源，在中国，由汉字产生的书法艺术和传统的绘画艺术向来具有同等的地位，两者互相联系，你中有我，我中有你，所谓"书画同源"。汉字与音乐、诗歌、建筑等艺术门类也有内在的精神联系。汉字的音节以元音为主，元音和辅音相隔，并有声调，产生节奏性的乐感，其和谐的音乐美与中国的古典音乐相通。汉字的字形构造和语词组合具有对称的特点，这与汉诗的对仗①、押韵②，汉式建筑的中轴对称是相一致的。汉字与中国传统艺术间的沟通表明，它们有着符合汉民族审美心理的共同的美学价值观。

思考题

1. 汉语为什么是中国文化的语言代表？
2. 汉语对于中国文化的延续和发展有什么重要作用？
3. 直观思维对汉字有什么影响？请举例说明。

---

　　① 对仗　诗歌辞赋等作品的修辞手法，要求字数相等，结构相同，平仄相对，词性一致，且不能用重字。

　　② 押韵　诗歌辞赋等作品的修辞手法，在句子末尾用韵母相同或相近的字，使音调和谐优美。

第七章 中国的古代典籍

中国是世界上拥有古代典籍最多的国家,历史上已毁损的不算,仅流传至今的古籍就约有十万余种。中国古籍记载和保存了传统文化的丰硕成果,学习和研究中国文化,不可不了解中国古籍,懂得阅读古籍的文化知识。

第一节 丰富的古代典籍

中国的古籍数量庞大,古人很早就已重视对其分类。古代的图书分类有多种方式,其中最主要的是按经、史、子、集四部分类。"经"是指儒家的经典及其注疏,"史"是历史著作,"子"是学术类著作,"集"是诗文词赋类著作。

经部典籍 中国古代自汉武帝后,儒家著作被尊为经,享有崇高的地位。古代经部的书中最重要的是"四书五经","五经"名称的提出早于"四书"。"五经"最早指《诗经》、《尚书》、《仪礼》、《周易》、《春秋》,它们相传都经过孔子的整理,因而被奉为经典。后来,"五经"组成有些变化,《礼记》代替了《仪礼》,《左传》被并入《春秋》,但仍称作"五经"。西汉后,经书的数量逐渐增加,至宋朝增至十三经,它们是:《诗经》、《尚书》、《周易》、《周礼》、《仪礼》、《礼记》、《春秋左氏传》、《春秋公羊传》、《春秋谷梁传》、《孝经》、《论语》、《尔雅》、《孟子》。

十三经中,《诗经》是中国最早的一部诗歌总集,选录了西周初年至春秋中叶五百多年间的诗歌。《尚书》按虞①、夏、商、周四个朝代编排,内容多为君王的文告号令。《周易》是一部占筮(zhānshì)②书。《周礼》、《仪礼》、《礼记》合称"三礼",其中,《周礼》记载西周的政治制度,但增入了作者自己的政治理想。《仪礼》记录西周贵族的礼制,《礼记》是对《仪礼》的解说和补充。《春秋》本是春秋时代鲁国的史书,因其比较简略,需要后人进行阐释,《左传》、《公羊传》、《谷梁传》据说都是为阐释《春秋》作的传,合称"三传"。

宋本十三经

晋唐时,《春秋》开始配于三传前,不再单独成本。《孝经》是一本讲述孝道和以孝治国思想的书。《论语》记载孔子及其弟子的言行。《孟子》记载孟子的言行。《尔雅》是一本解释字义的百科辞典,古人常用它解释经义,因此也被列入经书。

经书中的"四书"是《论语》、《孟子》、《大学》、《中庸》,其中《大学》、《中庸》原是《礼记》中的两篇,被抽出单独

---

① 虞朝　指夏朝之前的王朝,有尧帝和舜帝,《尚书》中有此说法,但是尚未被史学界普遍认可。
② 占筮　中国古代的一种占卜方法,用蓍(shī)草的茎来占卦,以预测吉凶。

列名。"四书"最初由朱熹提出，为儒学的入门读物，明清时成为科举考试必读之书。

经部的典籍除了这些被正式列为经典的儒家著作外，还包括其他注释和研究经学的书籍，由于古代经学的地位很高，因此，历代的经学著述难以胜数。清代乾隆时官修《四库全书总目》，著录经部书籍共1773部，20427卷，分为易、书、诗、礼、春秋、孝经、五经总义、四书、乐、小学10个部类。

史部典籍 中国是一个重视历史的国家，从商周直至清末，历代王朝都设有史官，记述史事，中国的私家撰史者自孔子以来也络绎不绝，历代公私史家撰写的历史著作可谓汗牛充栋。中国的史籍不仅卷帙浩繁，而且体例多样。《四库全书总目》分史部书籍为15个部类，它们是：正史、编年、纪事本末、别史、杂史、诏令奏议、传记、史钞、载记、时令、地理、职官、政书、目录、史评。

古代的史书中，纪传体史书、编年体史书、纪事本末体史书是最重要的三大体裁。纪传体史书是以人物传记为中心编写的，它开创于西汉司马迁所作的《史记》，之后有《汉书》、《后汉书》、《三国志》、《晋书》、《宋书》、《南齐书》、《梁书》、《陈书》、《魏书》、《北齐书》、《北周书》、《隋书》、《南史》、《北史》、《旧唐书》、《新唐书》、《旧五代史》、《新五代史》、《宋史》、《辽史》、《金史》、《元史》、《明史》，合称二十四史。加上民国时编撰

《史记》

的《新元史》、《清史稿》，共有二十六史。这些书籍除《史记》属通史外，其余都是断代史。所述史事从传说中的黄帝至清代诸帝，形成完整的序列。在古代，纪传体史书被称为"正史"。

编年体史书是以时间为中心编写的，《春秋》、《左传》都是编年体的史书，之后有东汉荀悦的《汉纪》和东晋袁宏的《后汉纪》，分别为西汉和东汉的编年史。北宋时，司马光撰写《资治通鉴》，记述从战国至五代的史事，是一部著名的编年体通史。其后继者众多，形成编年体史书的古今序列。

纪事本末体史书是以历史事件为中心编写的，它弥补了纪传体重复叙事及编年体割裂事件的缺陷，使历史事件得以完整地呈现。纪事本末体史书始于南宋袁枢《通鉴纪事本末》，后世史家纷纷效仿，也形成一个贯通古今的史书系列。

《清史稿》

子部典籍 子部的名称与诸子有关，诸子在古代典籍中是指各学术流派的著作。汉代刘歆《七略》和班固《汉书·艺文志》将诸子分为儒、道、墨、阴阳、法、名、纵横、杂、农、小说十家，但后世按四部分类的子部典籍远远超出诸子范畴。《四库全书总目》将子部书籍分为儒家、兵家、法家、农家、医家、天文算法、术数、艺术、谱录、杂家、类书、小说家、释家、道家共14个部类，其范畴包括哲学、宗教、科技、类书、杂著等多方面。

子书中间，历代诸子的著作占有重要地位，其中先秦诸子的代表作有《老子》、《庄子》、《墨子》、《荀子》、《晏子》、《管子》、《商君书》、《韩非子》、《孙子》、《吕氏春秋》等。汉魏六朝①的诸子著作有《新语》、《淮南子》、《盐铁论》、《论衡》、《抱朴子》、《世说新语》、《颜氏家训》等。它们是中国古代思想文化的宝贵资料。

集部典籍 收录诗文词赋等书，《四库全书总目》集部分为楚辞、别集、总集、诗文评、词曲5个部类。楚辞是战国后期屈原、宋玉等人的诗歌作品。别集指个人的诗文集，中国古代的文人墨客及政治家有编撰个人文集的习好，时代愈往后，个人文集愈多，明清时代的个人文集多达四五千种。总集汇集多人的诗文作品，现存最早的诗文总集是梁朝萧统编的《文选》，又称《昭明文选》，收录先秦至梁诗文130余家，700余篇。陈朝徐陵编的《玉台新咏》收录汉代至梁的诗歌，是继《诗经》、《楚辞》之后的古诗总集。著名的诗文总集还有《全上古三代秦汉三国六朝文》、《全汉三国晋南北朝诗》、《全唐文》、《全唐诗》等。

经史子集四部分类有其合理性，但也有许多不足，如类书、丛书及方志是很有特色的书籍，古人把类书丛书或置于子部，或分归各部，方志则附于史部地理书中。其实它们有很大特色，难以用四部分类法概括。

类书、丛书 类书是具有百科全书和资料汇编性质的图书，它辑取群书资料，按天文、地理、人物、典故、典章、制度、诗文、辞藻、飞禽、走兽、草木、虫鱼等各门类分别汇编，方便检索。类书中保留不少已佚失的古文，对古书校勘和辑佚有很大帮助。中国古代最早的类书是三国时期的《皇览》，现已散佚。南北朝至唐宋时，类书

---

① 汉魏六朝　汉朝和魏晋南北朝的合称。其中的"汉魏"指汉朝和三国时的曹魏，"六朝"指曹魏、晋朝以及南朝的宋、齐、梁、陈，北宋司马光《资治通鉴》以此六朝为正统编年。

编修蔚成风气，著名的有唐代《艺文类聚》、宋代《太平御览》、《册府元龟》等。其中《艺文类聚》100卷，引用唐以前古籍1400多种。《太平御览》1000卷，征引书目1690余种，分为55部5426类，内容十分广博。《册府元龟》1000卷，辑录历代君臣事迹，分31部1100余门，总字数超过《太平御览》一倍，为宋代规模最大的类书。中国古代规模最大的类书是明代的《永乐大典》，收录各类著作七八千种，全书正文22877卷，凡例、目录60卷，装订11095册，约37000万字，惜已大部亡佚。清代类书《古今图书集成》10000卷，分作6汇典32典6109部，约16000万字，是现存规模最大的类书。

丛书是把多种书保持原样汇编在一处，按其内容可分成专科性与综合性两种。专科性丛书只收一个部类的书，如《十三经注疏》为经部丛书，《古今逸史》为史部丛书。综合性丛书收录多个部类的书。丛书在保存古籍、方便阅览方面亦起到重要作用。中国古代最著名的丛书是清代的《四库全书》，它收书3503种，79330卷，分经、史、子、集四部，保存整理了大量历史文献。近代以来出版的大型丛书有商务印书馆《四部丛刊》、《丛书集成》，中华书局《四部备要》等。

方志 地方志的简称，为记述地方历史、地理、风土、物产、人文等资料的著作。中国的方志起源很早，《尚书·禹贡》、《山海经》、《汉书·地理志》等是方志的雏形，东晋《华阳国志》已具备方志的特质。隋唐时期，开始由官方编修地方志，至明清修志风气大盛。据朱士嘉《中国地方志综录》统计，现存方志约有7000多种，其中清代数量最多，约有5000多种。方志的种类很多，有全国性的"一统志"，省级的"通志"，郡、州、府、县的"郡志"、"州志"、"府志"、"县志"，还有"乡志"、"村志"等。有的方志不以"志"命名，而称图经、记、考等，如唐代的《元和郡县图经》、宋代的《太平寰宇记》、清代的《日下旧闻考》都属方志类书籍。方志中有许多正史不载的史料，对研究古代历史、地理、政治、经济、文化等各方面都有很高的参考价值。

第二节　古书形式的演变

中国的古代典籍以历史悠久、数量浩繁著称于世，古书的形式在历史上有多种变化，呈现丰富多采的面貌。

以古书的材质来说，有甲骨、青铜、石、玉、竹、木、缣帛（jiānbó）、纸等多种。刻于甲骨的甲骨文和青铜器上的金文保存了上古时代的文献，可看作是中国历史上最早的"书籍"。石刻"书籍"年代稍晚，现存最早的石刻文字是春秋时代秦国的石鼓文，内容为歌颂国君田猎的事迹。汉代以后，真正的石刻书籍产生。汉平帝元始元年，王莽命人将《周易》、《尚书》、《诗经》、《左传》刻于石上，开创古代刊刻"石经"的先河。之后，许多王朝都刻有石经，如东汉有"熹平石经"、三国有"正始石经"、唐代有"开成石经"、五代有"广政石经"。北宋有"嘉祐石经"、清代有"乾隆石经"[①]，其中"开成石经"现仍存于西安碑林，是保存至今年代最

熹平石经

[①] 元始、熹平、正始、开成、广政、嘉祐、乾隆都是皇帝的年号。

早的石经。玉是与石相似的材质，1965年山西侯马晋国遗址出土的数千件"侯马盟书①"，是用毛笔把字写在玉片上，堪称春秋时期的"玉书籍"。以竹、木作材质的书籍称作"简册"，其形式是把简（单个竹签）或牍（单个木条）用绳索或牛皮条编连而成。简册的起源相当早，《尚书·多士》曰："惟殷先人，有册有典。"证明殷商时代已有简册。可能由于竹木易朽烂，比甲骨难保存，所以现今未能见到有殷商的简册留存下来。简册是上古时代最常见的书籍形式，近百年来，中国各地出土的简牍达20多万枚，时代从春秋战国至三国，是古代"书籍"的重大发现。缣帛

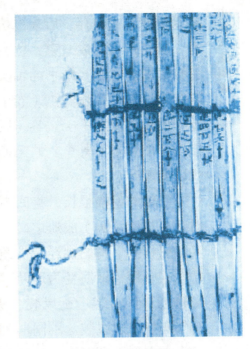

简册　西汉早期木简

是与简牍并行的一种书籍材料，它是丝织品，质地轻软，携带方便，但价格昂贵，难以推广使用，也难以保存。1973年长沙马王堆汉墓出土的帛书是现今见到的最为珍贵的古代帛书实例。

古书的材质在纸发明后起了革命性的变化。考古发现，西汉初已有粗糙的植物纤维纸，东汉蔡伦改进造纸的工艺，提高了纸的质量。三国以后，纸真正代替了简牍和缣帛，成为书籍的主要材质。

中国古书的外观形式主要有卷轴式和册叶式两种。卷轴式是把书卷拢收存，如简册的收存方法是以最后一枚简牍为轴心，将有字的一面向里，依次卷拢，首简卷在最外面，类似现在的书名页。帛书最

---

① 侯马盟书　春秋晚期晋国的卿大夫举行盟誓的约信文书，因出土于侯马，故称侯马盟书。

95

初以折叠形式收存，后来也仿简册形式卷束。卷束时，以细木棍为轴心，从左往右卷成一束，称为一卷。纸书发明后，最初也仿照帛书的卷轴形式。卷轴式纸书的轴头可用金、石、牙、珊瑚、琉璃等贵重材料装饰，其附件还有褾（卷子右端用作保护卷子的部分）、带（捆缚卷子的丝带或绳子）、签（以骨、牙、玉制成，系于带的末端，插入带内，使卷子束紧）、帙（盛放卷轴书的外套）。卷轴式的书籍在唐代以前流行。

卷轴的卷幅很长，查阅不太方便，后来便出现了册叶式的书籍。册叶有积叶（页）成册之义，所谓"叶"，原是指印度人用贝叶（贝多罗树树叶）写的佛经，佛经传入中国后，受贝叶经叠置存放影响，卷轴式书籍逐渐演变为册叶式。册叶式书籍在唐代已经出现，它经过龙鳞装、经折装、旋风装、蝴蝶装、包背装等几种形式，至明代嘉靖年间发展成线装。不同形式的册叶式书籍各有特点，如龙鳞装，叶子由左向右逐渐缩短，状如龙鳞。它的里面积叶成册，外表还是手卷形式，是卷轴式向册叶式过渡的产物。经折装把长幅卷子均匀折叠，首、末页各粘一书面，翻阅方便。旋风装的首、末页粘在一张纸上，可以循环翻阅。蝴蝶装把有字的纸面相对折叠，中缝的背口用浆糊粘连，克服了书口外露易于破损的缺点。包背装积页成册后，以纸捻装订，外裹书面，用浆糊包背粘连，使书页不易脱落散失。线装以线代

线装书

替纸捻装订，使书册更为牢固。线装出现的时代最晚，是现存古籍的最主要的装帧形式。

第三节　文化知识与古籍阅读

中国的古代典籍绝大部分是用古代的书面语文言文书写的，文言文在现代社会中已不通行，它和现代汉语有许多差别，因此，阅读古籍必须学习文言。然而，除了一般的文言知识外，要提高古籍阅读的能力，还必须掌握选择古籍、阅读古籍和使用工具书等方面的文化知识。

一、选择古籍的文化知识

中国的古籍数量浩瀚，传承年代久远，其中由于种种原因，会发生脱衍[1]、错简[2]、讹（é）文[3]等各种错误，甚至有故意作伪的。因此，古籍学习者必须知道古籍应先进行校勘整理，然后才能阅读。古籍整理是一门专门的学问，要求整理者应熟悉历史，并掌握版本学、目录学、训诂学等专门知识。古籍整理的基本方法，一是"底本互勘"，即取该书的不同版本互相对比校雠（chóu）[4]；二是"群籍钩稽"，即取该书以外书籍的相关内容与该书比较校雠。古籍通过校雠，可以找出谬误，求得古书之真。此外，对发现、搜辑已缺失的佚

---

[1] 脱衍　校对时发现的错误。"脱"是指现有文本的字数比原文减少，"衍"是指现有文本字数比原文增多。
[2] 错简　校对时发现的错误。指现有文本与原文相比在内容、文字上有前后顺序的颠倒。
[3] 讹文　"讹"是错误，指校对时发现的文字错误。
[4] 校雠　校对。"雠"即"仇"，意为对待错误要像对待仇人那样毫不留情。

书也有相当的作用。

古籍整理中有"善本"的概念,所谓善本,是指较好的古籍版本。清末张之洞提出善本有"三义",一是足本,即内容没有缺漏或删节;二是精本,即经过仔细校雠注解过的本子;三是旧本,即存放年代久远的本子。现代学者对善本的理解有"三性",一是年代久远,具有历史文物性;二是内容重要,有学术资料性;三是印刷、装帧精美,有艺术代表性。如今中国全国图书馆所藏的古籍都已按此标准进行了审定,其成果编印成《中国古籍善本书目》,极大地方便了古籍阅读的选择。

古籍学习者选择古籍必须懂得目录学的知识。中国古代很早就已有了图书目录,西汉末年,刘向、刘歆(xīn)父子在校阅皇家藏书的基础上,分别撰写了《别录》、《七略》,这是中国最早的目录学著作。其中《七略》一书提出了图书的七分法,即辑略、六艺①略、诸子略、诗赋略、兵书略、术数略、方技略。其中辑略为总目,实际分为六类。晋朝荀勖(xù)对此加以改进,在《中经新簿》一书中提出甲乙丙丁四分法,甲部六艺、乙部诸子、兵书、术数,丙部史书,丁部诗赋。后来,东晋李充撰《晋元帝四部书目》,调整乙丙两部次序,变为甲部经书、乙部史书、丙部诸子、丁部诗赋。唐初魏征等总结前人经验,在《隋书·经籍志》中将图书分类直接冠以经、史、子、集名称,自后经史子集四部分类便成为古代图书分类的主流。

中国古代的图书目录大致可分为史志目录、官修目录和私家目录三类。史志目录是指正史中的"艺文志"或"经籍志",记载各朝各代的书目;官修目录是对国家藏书整理后撰写的书目,《四库全书总目》即是一部官修书目;私家目录是私人藏书家编纂的书目,宋朝以

---

① 六艺　儒家经书《诗》、《书》、《易》、《礼》、《乐》、《春秋》称作六艺。

后，此类书目较多出现。中国古代虽有众多的书目，但是，历代官私目录中记载的书籍今人不一定都能看到，这是由于战乱、灾祸等造成图书的损失所致。今人寻找现存古籍，还必须利用现代人编写的各种古籍目录，如上海图书馆编纂的《中国丛书综录》，收录全国41个主要图书馆所藏古籍丛书2797种，是查找现存古籍的极有用的目录书。全国各大图书馆编写的馆藏古籍目录或善本书目对查找古籍也很有用。此外，古籍阅读者还可借助一些专科性的书目，如《中国地方志综录》、《中国古典戏曲总录》、《敦煌遗书总目索引》等查寻古籍的踪影。

二、阅读古籍的文化知识

阅读古籍需要了解有关的文化知识，如作者的身世、背景，作品内容涉及的社会政治经济状况、风俗民情、哲学思想、典章制度等，它们对理解古籍有很大帮助。除此以外，古籍阅读还常碰到一些专门的文化知识。已故北京大学教授邓广铭提出，阅读古籍应掌握年代、职官、地理、目录四把钥匙，目录属于古籍选择的知识，其余三者便是古籍阅读的专门知识。

先说年代，中国古代有多种纪年法，其中常见的有以王公即位的年次纪年、以皇帝的年号纪年以及干支纪年三种。如，周平王元年、秦穆公五年，是按王公即位的年次纪年，这一纪年法多见于西汉武帝之前。汉武帝开创了皇帝的年号，此后，历朝历代都以年号纪年，唐太宗贞观元年、明太祖洪武十年就是以年号来纪年的。干支纪年是以"甲乙丙丁戊己庚辛壬癸"十个天干和"子丑寅卯辰巳午未申酉戌亥"十二个地支循环配对，形成六十对不同的组合，如甲寅年、乙卯年之类，称作"六十甲子"，代表六十个不同的年份。六十年一个周期完成后，继续周而复始，循环往复。

地理也是古籍阅读的难点，古籍中常见一些地理的名称，如郡、县、府、州、省、军、路、道等，它们或出现于不同时代，或在不同时代有不同含义。例如，"省"原是中央官署的名称，元朝由中央的中书省向地方派出机构，称"行中书省"。到了明清，省逐渐演变成地方的行政机构。又如，古代的州在不同时期有不同含义，古史传说大禹治水分天下为冀、兖（yǎn）、青、徐、扬、荆、豫、梁、雍九州，是指的地域方位。汉代的州是监察区，全国分十三州。到唐代，州成了行政区，但范围大大缩小，全国有三百多州。明清时代，大多数州改称府，只有少数行政区仍称州。

古书阅读还要注意古今地名的差别，如"山东"，现在是指山东省，但战国时代的山东却是指秦国以外的六国，因六国处于崤（xiáo）山函谷关以东而得名。"江南"在汉代是指今天的湖广①江西一带，今天所说的江南当时称作"江东"。至于具体地名的差别就更多了，如东莞（guǎn），两汉时已作为县名，治所在今山东省沂（yí）水，现在的东莞是广东省的一个市；昆明，唐朝时是四川地区的一个县，元以后成为云南的县名，后成为云南的省会。类似这种地理名称如不搞清楚，便会闹出张冠李戴的笑话。

职官对于古籍阅读更是一种困惑，中国古代的职官名称繁多，除官署官名外，还有大量与职官有关的品秩②、爵勋③、章服④、俸禄⑤、铨（quán）选⑥、科举⑦等专用名词，以及职官的别称、俗称、省称、

---

① 湖广　指湖南、湖北和广东、广西。
② 品秩　古代官员的级别。
③ 爵勋　古代贵族、功臣的名位和尊号。
④ 章服　古代帝王和百官所穿的服饰。
⑤ 俸禄　古代官员的薪酬。
⑥ 铨选　古代官员的选拔。
⑦ 科举　即科举考试。古代以考试选拔官员的制度，始于隋朝，终结于清末。

合称等。古代的官制还有中央与地方之分、文官与武官之分、朝官与宫官之分,是一个十分庞大而复杂的体系。就一些具体的职官来说,由于时代不同,相同的官称可有不同的职掌,有的地位、权力相差悬殊。如,尚书在汉代是执掌文书的小官,隋唐时成为六部的主要长官;侍中在汉代是为皇帝拿唾壶的,隋唐时成为宰相之一;相反,少府在秦汉时是九卿之一,执掌皇室财政大权,地位仅次于宰相,隋唐时却沦落为小小的手工业长官。

三、使用工具书的文化知识

古籍阅读尽管有许多难点,但是,可以用工具书来克服它。古籍阅读者掌握了工具书,好比大海航行时有了指南针,其重要性是不言而喻的。

中国的文史工具书数量很多,从种类看,可分为语文工具书与文化工具书两类。语文工具书用于查考文字或语词,古代已有这方面的书,如用于释字的字书,以《说文解字》、《康熙字典》为代表;用于释义的训诂书,以《尔雅》、《方言》为代表;用于释音的音韵书有《广韵》、《平水诗韵》等。近现代出版的语文工具书有《辞源》、《辞海》、《汉语大词典》等,

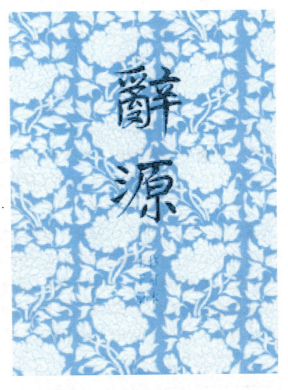

《辞源》

《辞海》

还有一些属古汉语的专门工具书,如用于解释古汉语虚词的有《词铨》,用于查考古代联绵词①的有《联绵词典》等。

文化工具书是一些专门学科的工具书,可用于各专门知识的释疑解惑,如《宗教词典》汇集有关古代宗教的词汇诠释,《中国历代官制词典》汇集古代职官制度的词汇诠释,《中国古今地名大辞典》、《中国历史地图集》、《中国人名大辞典》、《古今同姓名大辞典》等是查考古代地名、人名的工具书,《中国历史纪年表》、《中西回史日历》、《两千年中西历对照表》等是查考古代日月年代的工具

---

① 联绵词　汉语中两个音节连缀成义而不能分割的词,两个音节间往往有双声、叠韵的关系。

书。中文工具书中还有一种被称为"索引"或"引得"的著作,是把书籍的文字或词语编为条目,以一定的方法排列起来,供人们检索。如查考古代正史中出现的人名,可使用《廿五史人名索引》,查考古代地名可用《读史方舆纪要索引》,查考古代重要著述中引用书目的情况,可用《艺文类聚书名篇名索引》、《太平御览引得》、《文选注引书引得》等。

中国文史工具书的品种数量十分丰富,以索引而言,据潘树广《古籍索引概论》一书附录的"古籍索引要目"就达550余种,被索引的古籍达2000余种。索引只是中文工具书的一种形式,其他形式的工具书数量更多。上海人民出版社出版的《文史工具书的源流和使用》一书,介绍了800余种较为重要的工具书的内容和使用方法,是介绍工具书的书籍。

"工欲善其事,必先利其器"①,众多的中文工具书是学习、研究中国古代典籍的有力武器,学习中国文化,应当知道它们的重要价值。而对于那些想深入钻研中国古籍,了解中国文化奥义的人来说,学会使用中文工具书更是具有极其重要的意义。

思考题

1. 试说中国古代典籍传统分类的合理性与不足之处。
2. 类书与丛书有什么相同之处和不同之处?
3. 什么是善本书?比较张之洞提出的善本"三义"和现代学者提出的善本"三性"的异同。

---

① "工欲善其事,必先利其器" 语出《论语》,意为工匠要做好工作,必须先准备好工具。

第八章 中国的传统文学

中国的传统文学是指从先秦至清末的中国文学。文学始于口头创作，在没有文字之前就应有了最初的文学，如果从有文字记载的时代算起，中国传统文学也已经历三千多年的时间。在这漫长的历史岁月中，中国传统文学积累了极为丰富的作品。中国古代的图书以经史子集作为分类标准，文学属于集部，古代集部的图书在数量上远远超过其他各部。中国传统文学不仅作品数量突出，而且成就辉煌，它生动地体现了中国文化的基本精神，是中国文化体系中最重要，最具活力的组成部分。

第一节　中国传统文学的发展历程

中国传统文学依发展顺序，可分为先秦文学、两汉魏晋南北朝文学、隋唐五代文学、辽宋金元文学、明清文学几个大的阶段，各个阶段都有自己富有特色的突出的文学样式，诸如上古神话、先秦诗歌散文、汉赋、唐诗、宋词、元曲、明清小说，一代有一代之胜。它们既前后相继，又一脉相承，构成壮丽的文学画卷。

中国传统文学的体裁可以大致分为神话、诗歌、散文、戏曲、小说五个类型，其中每个类型都有自己的发展由来、时代高潮及名篇佳作，它们是中国文化宝库丰富而珍贵的遗产，具有永久的魅力。

一、神话

神话是文学创作的源头，它记载了上古时期的先民对自然和社会的认识。中国的上古神话主要见于《山海经》、《庄子》、《淮南子》等书，它们是古人对口头流传的神话加以记录、整理的结果，有的可能还进行了创新。

中国上古神话按其内容可以分成创世神话和英雄神话两大类。"盘古开天地"和"女娲（wā）造人"是两个最著名的创世神话。盘古开天地的神话说，很久很久以前，宇宙处于一片混沌黑暗之中，是盘古挥动巨斧把天和地分开，才有了天地、世界。盘古死后，他的身躯化作了高山、田野，血液化作了河流，眼睛成了太阳、月亮，毛发成了数不清的星星。女娲造人的神话称，我们人类是由一个名叫女娲

女娲造人

的女神用泥土制造的。女娲开始造人时，是用手把泥土捏成人形，后来用草绳沾了泥浆甩，泥点落下，就成了一个个活蹦乱跳的人。这两个神话展现了远古先民对宇宙和人类起源的想象和认识。

中国古代的英雄神话可以"羿射九日"、"夸父逐日"和"精卫填海"为代表。羿射九日说，上古时期，天上有十个太阳，它们由十个乌鸦驮着每天轮流出现。但是某一年，十个太阳突然一起出现，造成了天下大旱，庄稼、动物和人类都无法生存。此时，神箭手羿勇敢地射下了九个太阳，拯救了人类。夸父逐日中的夸父是一个形体高大的巨人，他与太阳竞跑，一路上喝干了黄河和渭河的水，还不解渴，于是去北方的大湖饮水，未至大湖，口渴而死。死后，手中的拄杖化作一片桃林。精卫填海中，炎帝的女儿去东海游泳，溺水身亡，死后

夸父逐日

化作一只小鸟，名叫精卫，天天衔着木石去填浩瀚的东海。此类神话反映了远古先民与自然的抗争，表现了人类战胜困难的勇气和毅力。

中国古代神话在文学史上是积极浪漫主义的源头，它那新奇的幻想和神奇的夸张，对后世文学的发展产生了巨大的影响。

二、诗歌

中国是诗的国度，从先秦至清末，诗歌一直是文学创作的主要形式。中国传统的诗歌体裁异常丰富，先秦的《诗经》、《楚辞》，汉魏六朝的乐府诗和文人诗，以及唐诗、宋词、元曲，都是传统诗歌的组成部分。

中国传统诗歌的发展有两条主要线索，一条线索是：现实主义和浪漫主义两种创作方法始终与诗歌发展相伴随；另一条线索是：作品的形式从自由化散文化向追求音乐美的格律化方向发展。

中国先秦时代的诗歌以《诗经》和《楚辞》为代表。《诗经》是中国最早的诗歌总集，大约编成于公元前6世纪，它收集了西周初期至春秋中叶五百多年的诗歌，共305篇。《诗经》的作品原本是可以合乐歌唱的，按乐调不同分成"风"、"雅"、"颂"三部分。"风"又叫《国风》，是从当时的15个诸侯国采集的民间歌谣；"雅"来自周王朝直接控制的地区，多为贵族文人的作品；"颂"是宗庙祭祀时唱的颂歌。《诗经》的形式采用四言体[①]，具有句式整齐、声调和谐的特点。它的内容真实而深刻地反映了当时的社会现实，是中国现实主义文学创作的源头。

《楚辞》产生于公元前4世纪的楚国，具有鲜明的南方地区楚文化风格。《楚辞》的句式长短不一、灵活自由，突破了《诗经》以四

[①] 四言体　以四字为断的句式。汉语的四言体源于《诗经》，其在诗歌、散文、成语等方面有广泛应用。

中国文化概说

屈原 明 陈洪绶

言为主的句式,扩大了诗歌的表现力。《楚辞》的作品以感情奔放、想象力丰富和辞藻华美著称,富有强烈的浪漫主义色彩。这也和《诗经》的现实主义艺术倾向有所不同。《楚辞》的主要作者是楚国的爱国诗人屈原,作品有《离骚》、《九歌》、《九章》等,其中《离骚》长达2400多字,是中国古代最长的抒情诗。屈原之后的楚辞作者还有宋玉、贾谊等人。由于《诗经》以《国风》的影响最大,《楚辞》以《离骚》的影响最大,因此人们把《诗经》和《楚辞》合称为"风骚",它们构成了中国诗歌发展史上现实主义和浪漫主义的两大源头。

汉魏六朝的诗歌代表是乐府诗和文人诗。乐府是政府掌管音乐的机构,负有采集和编写歌辞的职能。汉魏六朝的乐府诗有部分采自民间的民歌,其内容深刻地反映了当时的社会矛盾和下层民众的生活。《孔雀东南飞》是汉乐府民歌中最长的一篇,也是中国古代最长的长篇叙事诗,全诗353句,1765字,完整地叙述了一个因封建家长专制产生的爱情悲剧。《木兰辞》是南北朝时代的北朝民歌,该诗也是一首长篇叙事诗,诗中塑造的女扮男装,替父从军的女英雄木兰,成为中国文学中世代相传的女英雄典范。汉魏六朝乐府民歌的叙事特色,改变了《诗经》和《楚辞》以抒情为主的风格,扩大了诗歌创作的领域。乐府民歌的形式比较自由,有三言、四言、五言、六言及杂言,其灵活的句式与叙事的要求相适应。东汉后,乐府民歌中的五言诗渐渐增多。

汉魏六朝的文人诗作主要是五言诗。汉代的文人五言诗以《古诗十九首》最有名。汉末建安年间,以"三曹①"和"建安七子②"为代表的诗人面对战乱的社会现实,写下不少关切民生、抒发忧国治世理想的作品,被后人誉为"建安风骨"。魏晋南北朝

木兰从军

时,陶渊明以写田园诗著称,成为诗歌史上"田园诗派"的开创者,谢灵运以写山水诗出名,成为诗歌史上"山水诗派"的开创者。这一时期,沈约、谢朓等人还研究了汉语四声的规律,创造出一种讲究声律和对仗的新诗体,因其流行于南齐永明年间,人称"永明体"。在它的影响下,传统诗歌开始向讲求格律的方向发展。

唐朝是中国古典诗歌全面成熟的时期,诞生了中国诗歌史上最为辉煌的篇章——唐诗。唐诗的作品和作者之多超越以往各代,据清代编纂的《全唐诗》及后人对唐诗所作的补遗统计,目前留存的唐诗约有53000首,作者约3500人。唐诗不仅数量多,而且在体例上有很大发展,出现了格律诗③。格律诗从"永明体"发展而来,主要有

---

① 三曹 指汉魏间的曹操和其儿子曹丕、曹植。
② 建安七子 汉末建安年间(196—220)的七位文学家,他们是:孔融、陈琳、王粲、徐幹、阮瑀、应场、刘桢。
③ 格律诗 按照一定格律写成的诗,其句数、字数、节数、平仄、音调、押韵、对仗等都有严格的限定。

五言、七言两种句式和律诗①、绝句②两种类型，常见的有五律、七律、五绝、七绝四种格式。唐朝和唐以后，格律诗成为古典诗歌的主要形式。

唐代诗歌的发展可分初唐、盛唐、中唐、晚唐四个阶段，其中盛唐是唐诗最为辉煌的时代，出现了以高适、岑参为代表的"边塞诗派"和以王维、孟浩然为代表的"田园诗派"。前者描写边疆的大漠风光，表达边关将士从军报国的英雄气概；后者以清新秀丽的语言描绘优美的山水和宁静的田园生活。

代表盛唐诗歌最高成就的是中国诗坛的两大巨星李白和杜甫。李白一生大部分时间生活在唐朝最强盛的时期，他游历了大半个中国，写下1000多首诗作。李白写的诗气势宏大、想象丰富、感情奔放，具有强烈的浪漫主义色彩，后人把他誉作"诗仙"。杜甫生活在唐朝由盛转衰的时期，他亲历安史之乱③的社会动

李白

---

① 律诗　格律诗的一种。主要有五言和七言两种句式，分别称五律、七律。其中五律每首八句，每句五字；七律也是每首八句，每句七字。

② 绝句　四句一首的短诗，源于汉朝，成形于魏晋南北朝，至唐代被赋予严格的声律，成为格律诗的一种。主要有五绝和七绝两种，五绝每首四句，每句五字；七绝每首四句，每句七字。

③ 安史之乱　唐朝中期，唐将安禄山、史思明发动的叛乱。自唐玄宗天宝十四年（755年）始，至唐代宗宝应元年（762年）结束，前后长达7年，成为唐朝由盛转衰的转折。

乱，对社会的黑暗，百姓的痛苦有真切的感受。杜甫一生写有1400多首诗，这些诗真实地反映了当时的历史面貌，具有强烈的现实主义精神，被后人称作"诗史"。杜甫的诗语言精炼，感情深沉，意境悲壮，充满忧国忧民的意识和儒家的仁爱思想，后人把他誉作"诗圣"。

中唐的诗歌继盛唐之后继续繁荣，出现许多流派和名家，其中最有名的是白居易。白居易一生创作3600

杜甫

白居易

多首诗，他的诗继承杜甫正视现实，抨击黑暗的传统，也具有强烈的现实主义精神。白居易诗歌的另一特点是通俗易懂，据说他写完诗，常常先念给不识字的老妇人听，不断修改，直到她们听懂为止。因此，他的诗在民间很受欢迎。

中国的古典诗歌发展至唐代，已完成了全部形式的创造。唐代以后，诗歌朝词、曲方向进

中国文化概说

一步发展。词又叫长短句，是一种按格式填写，便于歌唱的新体诗歌。词在唐代已产生，但真正繁盛是在宋代。宋词作家作品众多，《全宋词》及有关补遗收录1400多家2万余首作品。这些作品按风格不同可分成婉约派和豪放派两大流派。婉约派以写男女爱情为主，柳永是影响最大的婉约派词人，他的词在社会上流传很广，"凡有井水饮处即能歌柳词"。女词人李清照旧时亦归入

苏轼

婉约派词人，她的前期作品描写少女、少妇的闺阁情怀，缠绵委婉；然而，后期经受战争和颠沛流离的生活之后，词风趋于深沉苍郁。豪放派词人的代表有苏轼和辛弃疾。苏轼是豪放派词的创始者，他把词的内容由写男女爱情扩展到咏史怀古、说理议政、记游抒情等广泛领域，使词摆脱了阴柔婉约的风格，展现了阳刚豪放的色彩。辛弃疾继承发扬苏

辛弃疾

轼的豪放词风，把爱国主义主题融入词的创作，进一步扩大了词的题材，开拓了词的意境。

曲是和词不同的另一种新体诗歌。曲的产生可追溯至金代，但在元代走向繁盛，因此，后人称其为元曲。元曲包括散曲和杂剧。散曲是一种可配乐歌唱的诗体。元代散曲作家有名可考的有200多人，其中关汉卿、马致远、白朴、郑光祖被后人称作"元曲四大家"。杂剧融合歌曲、舞蹈、说白等多项艺术，是文学与表演艺术的结合体，应当归入戏曲的行列。

三、散文

在中国传统文学宝库中，散文占有重要的地位。中国古代的散文可大致分为古文和骈文两大类，古文的概念是唐代韩愈提出的，指先秦两汉就已存在的散文文体，骈文是南北朝流行的一种讲究对偶、排比、音律的散文文体。

散文早在先秦时代就已出现，商周时代的典籍《尚书》是散文最早的源头。先秦散文按内容可以分为历史散文与诸子散文两种。《春秋》、《左传》、《国语》、《战国策》都是历史散文，它们的共同点是叙事。《左传》是古代叙事文学的杰出典范，它突破了《春秋》提要式的叙事格局，对所述事件有详尽描写，"郑伯克段于鄢"这一事件在《春秋》中仅6个字，《左传》写了600余字。《左传》对人物的刻画也很注意，全书共出现3000多个人物，不少人物的性格特征写得惟妙惟肖。先秦的诸子散文是以论理为主旨的，主要作品有《论语》、《孟子》、《庄子》、《荀子》、《韩非子》等。诸子散文的表现形式随时代的推移不断进步，《论语》是语录体的散文；《孟子》、《庄子》由语录体开始向对话体、论辩体过渡；到了《荀子》、《韩非子》，已是专题性的论理散文了。

汉代的散文最有特色的是政论文和史传散文。汉代政论文是先秦专题性论理散文的发展，有不少名篇佳作。西汉贾谊的《过秦论》和晁错的《论贵粟疏》是两篇出色的政论文，前者分析了秦王朝覆灭的教训，后者建议朝廷采取重农抑商的政策，以安定民生。两篇文章结构严谨，说理精辟，是古代政论文的传世之作。汉代的史传散文继承先秦历史散文的传统，亦取得巨大成就，其代表是《史记》和《汉书》。《史记》是一部史学名著，但有极高的文学价值，它以人物传记为纲，用生动的文笔塑造了众多具有鲜明个性的人物形象，是中国传记文学的开山之作。《汉书》秉承《史记》的风格，也是一部富有传记文学特色的史学名著。

汉语的对偶、排比能使句子显得对称工整，增强句子的音乐美和节奏感。对偶、排比作为一种修辞手法，在先秦两汉散文中已经存在，但是后来，人们刻意追求文章的对偶、排比，终至形成一种新的文体——骈文。骈文形成于两晋时期，南北朝取代旧有的散文体，出现骈文一统天下的局面。骈文讲究语言的华丽工巧，用骈文写成的文章不乏精美之作。骈文的出现有其合理性，但是，在骈文过于雕琢的文风影响下，许多作家因强调文章的形式美而忽略了文章的内容。

骈文的流行造成创作中的形式主义，引起有识之士的不满。中唐时期，韩愈、柳宗元等文学家发起了"古文运动"，倡导恢复先秦两汉的散文传统。他们反对在文章中堆砌华丽的辞藻，反对言之无物，提出文章应流利生动，明了易懂；他们还提出"文以载道"的口号，提倡文章为政治和现实服务。在"古文运动"的影响下，唐宋两朝出现了很多著名的散文家，其中韩愈、柳宗元、苏轼、苏洵、苏辙、王安石、曾巩、欧阳修，被后人称作"唐宋八大家"。他们的散文涉及政论、传记、寓言、游记等多方面，不仅在当时，而且对后世都产生巨大的影响。

唐宋的"古文运动"结束了骈文独霸文坛的局面，但是，骈文并未完全消失，元明清三代仍有骈文存在，然而，唐宋文学家提倡的文体最终成为散文的主流。

四、小说

中国古代的传统文学观念把诗歌和散文视作正统，而把小说和戏曲看成旁门左道[①]的东西。在这一思想的影响下，古代小说的产生和发展比较迟滞。中国最早的小说是魏晋南北朝时期的志怪小说和和志人小说，中间经过唐代的传奇小说、宋元的话本小说，到明清时期，小说才进入兴盛的时代，取得令世人瞩目的成就。

魏晋南北朝的志怪小说记述神异鬼怪的故事，志人小说记载士人的言行轶事。此时的小说情节简单，语言也很简朴，尚未脱离杂记的表现形式，只能算小说的雏形。流传至今的志怪小说的代表有干宝的《搜神记》，志人小说以刘义庆的《世说新语》最为有名。

志怪小说和志人小说都是用文言写的短篇小说，此类文言短篇发展至唐代，故事情节和人物描写渐趋丰富，艺术性有了很大提高，被称为"传奇"。唐代传奇的出现，意味着"小说"已成为一种独立的文体。唐代传奇的内容比较广泛，有写志怪的，写爱情的，写侠义的，也有写历史故事的。其中有些名篇，如《柳毅传》、《莺莺传》、《枕中记》、《长恨歌传》等对后世的小说和戏曲创作影响很大。

宋元时期，由于市民阶层的兴起，产生了一类迎合市民艺术情趣的新的小说形式——话本。话本是用白话写的，它是当时表演"说话"（讲故事）的艺人的讲稿。话本的内容主要有"小说"和"讲史"两类，前者多以婚姻爱情、断狱公案等作题材；后者事涉历史。其中"讲史"类的话本对后世的长篇小说影响极大。

[①] 旁门左道　"旁"、"左"意为不正、邪僻，旁门左道原指非正统的学术或宗教派别，现泛指不正当的方法、门径。

中国文化概说

明清是古代小说创作的繁盛阶段，涌现出100多部长篇小说和大量的短篇小说，其中有不少成就卓著、影响巨大的作品。明代的长篇白话小说《三国演义》、《水浒传》、《西游记》、《金瓶梅》被称为"四大奇书"。《三国演义》是取材于东汉末年和三国时期群雄逐鹿①的历史写成的历史演义小说；《水浒传》描写北宋末年以宋江为首的梁山农民起义，是一部英雄传奇小说；《西游记》是一部以唐僧西天取经为背景的神怪小说；《金瓶梅》是一部描写世俗风情的市井家庭小说。清代著名的长篇白话小说有《儒林外史》和《红楼梦》。《儒林外史》是一部讽刺小说，深刻揭露了科举制度下儒林人士的丑态陋行，鞭笞了被制度扭曲的灵魂；《红楼梦》是一部具有深刻历史内涵和社会批判意义的爱情小说，它以一个封建大家庭的盛衰变迁，

《红楼梦图咏》清 改琦

---

① 群雄逐鹿　"群雄"指众多有军事实力的人，"逐鹿"是打猎时争夺猎物，形容各派军事力量在战争中的互相争夺。

揭露了社会对人的本性的束缚和摧残。《红楼梦》的内容涉及传统文化的方方面面，被称作封建时代的百科全书。

明清的短篇小说也有很大的成就。明代最著名的短篇小说集有《警世通言》、《醒世恒言》、《喻世明言》（合称"三言"）和《初刻拍案惊奇》、《二刻拍案惊奇》（合称"二拍"）。"三言二拍"的笔触涉及明代的社会生活，反映了市民阶层的生活情趣。清代的文言短篇小说集《聊斋志异》也是非常著名的，该书通过对众多狐仙鬼怪的奇异描写，深刻地揭露社会的丑恶，歌颂了人间的真情。

明清是中国古典小说的鼎盛时期，出现白话、文言，长篇、短篇各种形式的小说全面发展的格局。明清小说的艺术成就也极高，其所塑造的数以百计的人物形象已成为中国文学的艺术典型，深深地镌刻在文学的殿堂。因此，小说成为明清最有特色的代表性文学样式。

五、戏曲

戏曲虽是表演艺术，但是戏曲表演离不开剧本，因此，戏曲和文学有着难解之缘。中国的古代戏曲经历了唐代的参军戏、宋代的杂剧和南戏、元代的杂剧、明清的传奇等许多阶段，各个阶段都有具有自己特色的戏曲文学。戏曲在封建时代原本不受文人的重视，因此，保存至今的早期戏曲资料很少，宋代的杂剧据周密《武林旧事》记载有280本，但是只有剧目而没有剧本传下来。流传至今最早的剧本是保存在明朝《永乐大典》中的《张协状元》等3种宋元南戏剧本。此外，还有元末明初流行的"四大南戏"《荆钗记》、《白兔记》、《杀狗记》、《拜月记》和元代南戏最优秀的作品《琵琶记》。

元朝时期的戏曲是北方的元杂剧和南方的南戏同时并存。元杂剧也称元曲，历史上出现的剧目有700多种，其中关汉卿的《窦娥冤》和王实甫的《西厢记》最为有名。《窦娥冤》是一部悲剧，写一个名叫窦娥的女子遭恶人陷害，反被官府冤判而杀害。临死前，窦娥发下三桩誓愿：血溅白练、六月飞雪、大旱三年。后来，三桩誓愿一一实现。《西厢记》是从唐代的传奇小说《莺莺传》改编而来的，讲述张生和莺莺一对情人间曲折的爱情故事。

明清时期的戏曲形式称"传奇"，已知明清传奇的剧本约有2600种，其内容十分广泛，涉及历史、神话、政治、宗教、家庭、伦理等各个方面。明代的汤显祖是继关汉卿之后又一位不朽的大剧作家，作有《紫箫记》、《紫钗记》、《牡丹亭》、《南柯记》、《邯郸记》等著名的传奇，他生活的年代与英国的莎士比亚恰好同时，被誉为"中国十六世纪的莎士比亚"。

清代著名的剧作家有洪昇和孔尚任。洪昇的作品《长生殿》写唐玄宗和杨贵妃的爱情故事，孔尚任的作品《桃花扇》写南明王朝文人侯方域和歌妓李香君的爱情故事。两部戏剧都写爱情，而且都有历史事件作为背景衬托，这种将时代巨变和个人命运结合的视角，取得了很好的艺术效果。

清代《西厢记》彩盘

第二节　中国传统文学的文化特征

　　文学是文化中最生动的组成部分。文学以形象的语言向人们传递丰富的文化信息，使之成为了解文化内情的最佳窗口。例如，宋朝时期，禅宗与理学的思想对士大夫产生了深刻影响，要了解这种影响，最好的材料不是禅宗语录和理学的讲章，而是宋诗。这一道理若放到文化的对外影响上也是同样，异国之人了解一国的文化往往就是通过该国的文学作品入手的。因此，了解传统文学的文化特征不仅有助于理解文学作品，更是理解中国文化精髓的需要。

　　中国传统文学的文化特征概括而言，有以下几条：

一、关注现实

　　中国文学具有关注现实的理性精神。从文学的源头——神话来看，中国的神话中描写的盘古、女娲、夸父、后羿①、精卫等神话人物都具有人间英雄的气概，他们的巨大力量和创造精神是中国先民对自身力量的崇拜，反映了中国先民在原始蛮荒的年代克服重重困难、建立人类家园的现实与理想。中国神话中的人物完全不同于希腊神话中那些高居于天庭、俯视人间、主宰人类命运的神灵，他们是生活在人间社会、为人类建立丰功伟绩的人间英雄。这表明，中国文学从一开始就有鲜明的人世色彩。

　　中国文学在后世的发展中，始终没有脱离关注现实的轨道。中国传统文学的作家对人世的关注要大大超过对天国的向往，即便佛教、道教兴盛的时候，中国作家的创作主题也没有偏离现实世界而转向

---

　　① 后羿　即上古神话传说中的人物羿，"后"在上古时代是君主的称号，羿原是东夷族有穷氏部落的首领，曾夺取夏朝政权自立为王，因而称作后羿。

彼岸世界[①]。中国的传统文学作品中，无论抒情文学作品，还是叙事文学作品，都是关注现实、关注人世的。古代有些作品虽然描写神魔鬼怪的世界，但其落脚点却是人的世界。《西游记》就是一部这样的作品。《西游记》中的妖魔贪婪凶狠，残害百姓，有的还与天上的神佛沾亲带故，显然是人间邪恶势力的象征，而孙悟空保护唐僧西天取经，一路上降妖伏魔，为民除害，代表了人间正义的力量。孙悟空和妖魔鬼怪的斗法，实际上是在展示人世间的真善美和假恶丑之间的斗争。《聊斋志异》中把鬼狐世界描写得充满人情和爱心，而人间世界却显得狭隘、冷酷和自私，两者有鲜明的反差。作者之所以这样写，是要借鬼狐来讽刺人世，其关注的还是现实的人间世界。

二、文以载道

"文以载道"是唐朝韩愈首先提出的文艺理论，其意是文学创作应贯彻儒家的伦理道德思想，为儒家的伦理教化服务。"文以载道"的理论虽然出现于唐代，但是，其思想早就存在了。春秋战国时期，诸子纷纷著书立说，他们的观点虽有不同，然而其著文都是为了宣扬文章中的思想，其中隐含有"文以载道"的意思。在春秋战国的诸子中，孔子明确提出《诗》有道德感化的作用，后人把它称为"诗教"。西汉武帝时，儒家思想成为统治阶级的正统思想，此后，儒家把诗文作为教化手段的文学观念得到强化，直到唐朝，由韩愈归纳为"文以载道"。

在文学作为教化手段的思想影响下，中国古代的作家大多自觉地担当起文学的社会责任，他们或在文学中表达爱国忧民的情怀，或在其中寄托建功立业的理想，或对社会的黑暗、吏治的腐败予以揭露和

[①] 彼岸世界　喻指死后的世界。

批判。在他们的作用下，传统文学的主流呈现有益于世风民俗的积极向上的风貌，那种"为文学而文学"的作品，无关于伦理的作品，以及有损于伦理的"艳科①"类作品，往往不受重视或成为批评的对象。

当然，"文以载道"的思想也给传统文学带来一定的负面影响，它使文学成为政治的附庸，削弱了文学的主体意识和个性自由，甚至出现以道德判断取代审美判断的情况，使一些文学作品沦为枯燥空洞的说教。

三、中和之美②

中国的儒家文化倡导"中庸③"，反对片面化和走极端。儒家的这一思想对文学有深刻的影响。孔子在谈到《诗经》的《关雎》篇时，曾说："关雎乐而不淫，哀而不伤。"《关雎》这首诗是写一个男子对女子的思念和追求，写他求而不得的焦虑和求而得之的喜悦。孔子认为，这首诗在写男子的喜悦时是"乐而不淫"，即欢乐而没有达到放纵的程度，在写他的焦虑时是"哀而不伤"，即悲哀而没有达到伤损的地步。"乐而不淫，哀而不伤"是情感表达恰到好处的意思，它符合儒家的中庸思想。后世之人将它作为文学的指导思想。

"乐而不淫，哀而不伤"体现的是一种文学的中和之美。中国的传统文学作品普遍具有中和之美的精神，即使如屈原、李白那样以激情昂扬的浪漫主义风格闻名的文人的作品，在情感的表达上也是有限度的。传统文学提倡中和的目的是追求情感的和谐，然而，现实生活中存在大量的矛盾，有些矛盾又是不可化解的。中国文学有反映现实

---

① 艳科　词学术语，指描写艳情、风格婉约的词。
② 中和之美　中国的古典美学思想，是儒家中庸哲学在美学领域的体现。
③ 中庸　儒家的伦理思想和方法论，意为言行持中，不走极端。

的要求,又有"文以载道"的理想,在此情况下,文学采用两种方式来解决与现实的矛盾,一种方式是回避和超脱,像陶渊明写的田园诗实质上是他仕途失意之后对现实的回避和超脱。另一种方式是构想一个团圆的结局,来对现实加以粉饰。像《孔雀东南飞》写一对情人殉情之后,他们的坟头上长出了枝叶相连的树,有一对鸳鸯在其间仰头相鸣,夜夜叫到五更。《窦娥冤》写窦娥受屈而死三年后,她的父亲做了大官,重新审理此案,使窦娥的冤屈得以平反昭雪。这种对悲剧的结果给予弥补和修复的做法,是符合"哀而不伤"的中和特征的。

传统文学的中和之美追求平衡与和谐的意境,它是中国人平和、宽容、偏重理性的文化性格在文学中的真实体现。

思考题

1. 中国为什么被称作"诗的国度"?请举例加以说明。
2. 中国的小说在宋朝以后才得到较快发展,其中有什么文化原因?
3. 中国传统文学的文化特征和儒家思想有何内在的联系?

第九章　中国的传统艺术

中国的传统艺术涉及书法、绘画、篆刻、建筑、园林、雕塑、音乐、舞蹈、戏曲、工艺等诸多门类，有着辉煌灿烂的成就。本章以书法、绘画、园林、戏曲为代表，介绍传统艺术的风貌，展示其内在的文化精神。

第一节　中国的书画艺术

书画是书法和绘画的总称。中国书画用毛笔蘸水墨或彩墨在特制的纸上完成，是中国文化中最具独立性的艺术门类。

一、中国书法

中国书法是汉字的书写艺术。汉字起源于图画，与自然之象有着先天的联系，汉字的方块形体，又为书写者提供了想象的空间，因此，汉字成为一种具有潜在艺术特质的文字。然而，汉字虽然有很强的表现力，但它与书法艺术并不能直接画等号，书法艺术是在汉字基础上进行的艺术创造。

汉字从甲骨文开始，历经金文、古文、大篆、小篆、隶书，至楷书出现才定型。汉字的各个阶段都有书法艺术的体现，然而，书法真

中国文化概说

正成为一门自觉的艺术，是从汉末魏晋开始的。那一时期，汉字的篆、隶、楷、行、草各式书体都已完备，出现了张芝、蔡邕（yōng）、钟繇（yóu）、陆机、王羲之、王献之等一大批优秀书法家，其中王羲之的成就和影响最大，被后人誉为"书圣"。他写的《兰亭序》被后人称作"天下第一行书"。

魏晋以后，历代书法名家和优秀作品不断涌现。唐代是书法艺术的繁荣时期，出现许多擅长楷书的书法家，其中欧阳询、颜真卿、柳公权最为有名。颜真卿的字笔画肥壮，柳公权的字笔画硬瘦，人们形象地称其为"颜筋柳骨"。三人加上元代的赵孟頫（fǔ），被称作中国古代的四大楷书家。他们写的《九成宫醴泉铭》、《多宝塔感应碑》、《玄秘塔碑》、《玄妙观重修三门记》等作品被习字者用

王羲之书法

颜真卿书法

第九章　中国的传统艺术

作范本，千百年来在民间广泛流传。唐代的草书大家有张旭、怀素，两人的狂草书法线条飞舞，气势奔放，是不可多得的书法精品。代表作有张旭《肚痛帖》、怀素《自叙帖》。

宋元时期著名的书法家有苏轼、黄庭坚、赵佶、赵孟頫等人，其中宋徽宗赵佶是个亡国之君，但是书画艺术却有很高的成就。赵佶的书法线条纤细，清新脱俗，称作"瘦金体"。

赵孟頫书法

明清的书法大家有祝允明、文征明、董其昌、徐渭、郑燮（xiè）、金农、刘墉、康有为等人，其中郑燮将篆、隶、楷、行、草各种书体加以融合，并参考水墨画画兰花和竹子的技法，自创一种活泼洒脱的风格，人称"板桥体"。

中国的书法学习者习惯将书法范本称作碑帖，它们是把刻在石上的文字用墨拓于纸上而成（帖也有木刻拓本）。然而，碑与帖实际上是有区别的。碑是

宋徽宗瘦金体

中国文化概说

古人用于纪功述事的一种石刻，立碑的目的是将碑文内容公诸于世，而帖是把著名的字迹加以摹刻，刻帖的目的在于学习书法，故帖也称作法帖。中国古代为适应众多书法学习者的需要，以模写、刻印方法制作法帖。宋代以来，帖学①十分盛行，然而，长期的翻刻，易使名帖失真走样。因此，清代中期以后，一些书法家对帖学提出异议，提倡重视碑学②。他们广泛搜罗古代碑刻，制作拓本，用以研习书法。碑学的兴起，给书法艺术发展吹入一股清新之风，其影响及于当代。

郑板桥书法

二、中国画

中国画简称"国画"，是在中国历史上独立形成发展的绘画种类。中国画和西洋画有很大的不同，西洋画以定点透视法构图，绘画者从一个视点出发，画下见到的事物，所画内容符合真实的场景

---

① 帖学　研究考订法帖的源流、版本优劣、字迹真伪等方面的学问。
② 碑学　探究考订碑刻的源流、时代、体制、拓本真伪、文字内容等方面的学问。

和比例；中国画以散点透视法构图，绘画者可以有多个视点，东南西北、春夏秋冬的景象能包含在一幅画中。西洋画追求形似；中国画不仅要求形似，还要求神似。西洋画注重色彩的明暗对比，画面富有立体感，是一种板块艺术；中国画注意运用线条的变化来体现画中的韵律，是一种线性艺术。中国画以其特殊的艺术风格和超凡的成就在世界上享有盛誉，被人们称作中国的国粹。

中国画的起源可上溯至新石器时代的彩陶和岩画，及先秦、秦汉时出现的青铜纹饰、壁画、帛画、画像石①等。东汉时期，纸的发明为中国画创造了良好的载体。魏晋南北朝时，中国画开始迈入自觉的艺术门槛，出现了顾恺之、张僧繇、谢赫等一批画家和绘画理论家。从那时起，各个时代都有著名画家及作品。

中国画的题材主要有人物、山水、花鸟三大类。

人物画 人物画是中国画成熟最早的画种。文献记载，西周和春秋战国时期，宫廷中已有专职的画工绘画人物肖像，相传孔子就见到过古代帝王的画像。魏晋南北朝时期，佛像画随佛教进入中国，推动人物画迅速发展。这一时期的著名画家如曹不兴、顾恺之、陆探微、张僧繇等几乎全是人物画家，其作品已注重突出人物的神情性格。

《历代帝王图》唐 阎立本

---

① 画像石　古代雕刻在石块上的装饰画像，用于祠堂、墓室等场所，起于西汉，盛行于东汉。

唐朝时期，人物画高度成熟，出现阎立本《步辇（niǎn）图》、《历代帝王图》、吴道子《地狱变相图》、张萱《虢（guó）国夫人游春图》等稀世珍品。宋朝人物画继续有所发展，北宋画家李公麟突破传统人物画只画佛道、帝王、圣贤、仕女等题材，把笔触伸向渔民、樵夫等社会下层人物；张择端《清明上河图》描写北宋首都汴京的繁华都市，画面上有姿态各异的人物500余人。唐宋以后，人物画虽然也有佳作，但总体成就不如唐宋。

山水画 山水最初是在人物画中作为背景出现的，隋唐时，山水画才成为独立的画科，出现以石青、石绿为主要色彩的"青绿山水"画和以墨色为主的水墨山水画。其中"青绿山水"以隋朝展子虔及唐朝李思训、李昭道父子最有名，水墨山水以唐朝王维最有名。王维的画水墨渲淡，笔意清润，画中有诗意，后人称其为文人画的始祖。唐代以后，山水画蓬勃发展，成为中国画的主流画科。山水画的名家层出不穷，著名的有五代的荆浩、关仝（tóng）、董源、巨然；北宋的

《清明上河图》（局部）北宋 张择端

李成、范宽、米芾（fú）；南宋的刘松年、李唐、马远、夏圭；元代的黄公望、王蒙、吴镇、倪瓒（元四家）；明代的戴进、吴伟（浙派）、沈周、文征明、唐寅、仇英（吴门派）、董其昌（华亭派）；清代的石涛（朱若极）、八大山人（朱

《辋川图》唐 王维

耷）、王时敏、王鉴、王翚（huī）、王原祁（四王）等人。其所画作品各具一格，垂范后世。

花鸟画 花鸟画是中国画中出现最晚的画种，中唐时才出现，宋代趋于成熟。但其后发展十分迅速，出现不少名家名作。历朝著名的花鸟画家有唐代的薛稷、殷仲容、边鸾；五代的黄筌、徐熙；北宋的黄居寀（cǎi）、文同、苏轼；南宋的杨无咎；元代的温日观、柯九思、王冕；明代的陈淳、徐渭；清代的恽格、八大山人、石涛、金农、郑燮等人。中国画家创作花鸟画，不单为表现花鸟草木的具体形态，更重要的是要表现画中蕴含的内在精神。在中国画家看来，自然的花鸟草木可以作为人格的象征，展现人的道德理想境界，特别是有些题材经历代文人的赞咏，具有特殊的文化含义，如松、竹、梅，称作"岁

寒三友",梅、兰、竹、菊,称作"四君子",它们代表了高洁、峻清的品格形象,深受人们的欢迎,是花鸟画中最为集中的题材。

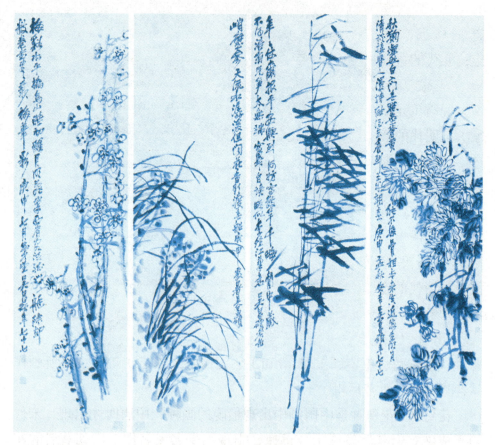

四君子图 清 吴昌硕

第二节 中国的园林艺术

　　古代中国与西亚和希腊并称世界园林三大系统的发源地,在这三大系统中,中国园林的发展进程未受外力的干扰,始终与中国文化相

第九章　中国的传统艺术

伴随，发育成为具有丰富历史内涵和独特艺术风格的文化瑰宝。

中国园林可分为皇家园林、私家园林、寺庙园林、公共园林四类，其中最能体现园林艺术风格的是皇家园林和私家园林。皇家园林占地广大，宏伟华丽；私家园林规模较小，但小巧玲珑，清幽素雅。由于历史原因，皇家园林多分布在北方，私家园林多分布在南方。

中国园林是以自然山水与人工建筑的亭台楼阁等组合而成的，园林中的建筑充分考虑地形地貌，与山石、湖沼、林木、花草等自然景物巧妙结合，"虽由人作，宛自天开"①，呈现出富有诗情画意的艺术

苏州拙政园

---

① "虽由人作，宛自天开"　语出明代计成的《园冶》一书，意思是园林虽然是人工创造的艺术，但是反映的景象要像天然造化生成的。

131

之美。中国园林的艺术美主要体现在以下方面：

通透 中国园林被称为立体的诗画。诗画是用文字、图画创造的平面艺术，而园林是立体的艺术，通透为园林立体艺术的一大体现。

中国园林建筑中，亭子最能体现通透的艺术精神。亭子仅以数根柱子支撑顶盖，四周没有墙壁遮挡，是完全通透的。亭子的位置多置于高处或醒目处，使周围的景色围绕它展开，起到一个"聚"景的作用。游人站在亭中，能把四周美景尽收眼底。

中国园林的漏窗是通透艺术的杰作。漏窗用木条、砖瓦等材料做成窗格，把窗户的空缺处分隔成各种几何形的图案。游人行走于漏窗前，透过窗格的空缺处能见到窗外之景。由于窗格的图案和窗外之景的叠加作用，游人见到的景色随着脚步的移动不断变换，美丽异常。

中国园林的假山也显现出通透艺术。园林中的假山是以土石堆叠而成的，所用石头以太湖石为最好。太湖石产于太湖，经湖水波涛的长年冲刷，石面丰润光洁、布满孔穴，显得玲珑剔透，极富通透的灵性。园林假山以弯曲盘绕的山洞和石径彼此连通，游人穿行其间，见到其他游人近在咫尺，但要走到那里，还得七弯八绕，多方探寻才能到达，尽

假山

显通透艺术的玄妙。

曲折 中国园林在造园手法上主张曲折、含蓄，反对一览无余。中国园林的曲折以道路、水系的布局最为显明，尤其私家园林，随处可见曲折的道路和蜿蜒的流水。中国园林的道路有时沿墙而建，有时离墙而行，有时随地势高低起伏，有时又穿越水面；道路的上方若有遮盖，即成为蜿蜒前行的游廊。园林中的水流也是曲折多弯的，较大的水面上常有石桥，把水面分割成大小不等的部分，以增添湖水的妩媚；有的池沼还往往将水引入山石或建筑的基座下，使水看上去仿佛从那里流出。

中国的园林为避免景物一览无余，常常以树木、假山、曲廊、院墙等有意识地做成障隔，使各个景区自成一单元。然而，景区之间并不是截然分割，造园者通过漏窗和门洞，巧妙地连接景区，使游人行进其间，有似隔非隔、曲径通幽的感受。这在造园中称作"抑景"。中国园林还采用"借景"、"对景"等方法增加园林的景致。"借景"是把园外之景有目

曲廊

的地借入园内，与园内景物互相融合，以扩大园内的景观。"对景"是在园内某些特殊的地点分布多处景观，使人于不经意间触目皆是佳境，产生相看不厌的美好感受。

曲折是中国园林的命脉。中国园林以种种曲折的手法将美景佳构层层推出，对丰富园林景观起了重要作用。

变化 中国的园林艺术以富于变化著称，其变化不仅体现在园林的总体布局上，而且在建筑、山水、花木等细部环节的处理上亦有讲究。中国的园林建筑有亭、台、楼、阁、桥、轩、廊、榭等多种形式。各种建筑的自身构造也形式多样，如亭子的顶，可用攒尖顶，也可用重檐结构；亭子的平面可以是圆形、方形、扇形、六角形、八角形，也可用双圆、双方组成连环亭、鸳鸯亭、子母亭。至于建筑门窗的变化就更多了，门可做成长方形、圆洞形、月亮形、八角形、宝瓶

颐和园廓如亭

形、葫芦形、如意形等；窗可做成方形、圆形、桃形、扇形、心形、卍字形、海棠形、梅花形等；窗格的纹样图案更是千姿百态，仅苏州一地就可找出一二百种式样。此外，园林的地面以砖、瓦、卵石拼砌出色彩不一的花纹图案，园中的花木随季节更替变换，湖沼中养有金鱼，栽有莲藕，水面上还有式样各异的桥梁，这些都是变化的佳作。变化使中国园林充满活泼生气，使游客百看不厌。

中国园林的艺术美受到世界各国人士的赞赏，人们认为，中国的造园家不仅是建筑师，而且还是文学家、画家、哲学家。因为，只有具备这些综合素质的人，才能构思出如此美妙的艺术品。

第三节　中国的戏曲表演艺术

中国的传统表演艺术有音乐、舞蹈、杂技、曲艺、戏曲等众多门类，其中戏曲最具综合性。戏曲集唱、念、做、打、舞于一体，兼有各门表演艺术的特征，它还融合了文学、雕塑、绘画等艺术。戏曲把各门艺术糅合在一起，堪称集古代艺术之大成。

中国戏曲在世界戏剧文化中占有重要地位，它和古希腊的悲剧、喜剧，古印度的梵剧并列，被认为是世界三大古老的戏剧文化之一。

中国戏曲的渊源可上溯到古代的歌舞、百戏[①]和俳优[②]们的滑稽表演。至唐代，出现了有演员装扮角色的《踏摇娘》、《兰陵王》等歌舞戏，以及用滑稽的对话、动作表演的"参军戏"，开始有了初步的叙事性、情节性的戏剧表演形式。唐玄宗在宫中专门设立教演艺人的场所"梨园"，排演此类节目。因此，后世称戏班为"梨园"，奉

---

① 百戏　古代对民间歌舞、杂技、武术等文娱表演的总称，其名称始于汉朝。
② 俳优　古代滑稽艺人的称呼，他们以逗笑和排遣无聊的方式为统治者和贵族服务。

唐玄宗为戏曲界的祖师。

宋金时代,戏曲开始成熟,出现了以讲唱歌舞表演的诸宫调,有人物故事情节的傀儡(木偶)戏、影戏(皮影戏),以及具有舞、曲、白表演手段完备的戏剧形式——杂剧和南戏。这一时期,城市中出现了公共的演出场所瓦舍、勾栏,成为各类表演艺术的大众化舞台。元代,北方在宋金时形成的戏曲基础上发展成元杂剧,南方则流行南戏。元杂剧和南戏一北一南,成为南北戏剧的代表。

进入明代以后,北方的杂剧衰落,而南方的南戏则吸收了杂剧的优点,演变为"传奇"。"传奇"的曲调较南戏丰富,有弋阳腔、余姚腔、海盐腔、昆山腔四种主要声腔,至清代发展成五大声腔系统,即高腔、昆腔、弦索、梆子、皮簧,剧目发展到2000余种。

清代中叶,由于乾隆皇帝的喜好,昆曲进入北京上演,成为诸多声腔中的佼佼者。后来,弋阳腔、梆子腔、二黄调也先后进京,与昆曲争胜,其代表剧种为秦腔、徽剧与汉剧。各大声腔在演出中互相影响,至清道光年间,形成了新的剧种——京剧。

京剧吸收了昆曲、徽剧、汉剧、秦腔等众多

皮影戏

戏曲艺术的长处,是近代以来发展最快、影响最大的戏剧剧种。中国的戏曲中,昆曲曲调高雅,词章优美,适合士大夫的欣赏口味,被称之为戏曲的"雅部",其余的戏曲被贬作"花部"。京剧是后出的剧种,属于花部,但它汇集了许多戏曲的优点,又较昆曲通俗易懂,受到各阶层人士的喜好,其影响很快超越昆曲,成为中国传统戏曲的代表。一个多世纪以来,京剧一直是中国流行最广、影响最大、表演艺术最成熟的一个剧种,被誉作中国的国剧。

京剧只是中国戏曲的一个剧种。中国现有的戏曲种类约有300余种,其中除昆剧、京剧外,较大的剧种有河南的豫剧、陕西的秦腔、四川的川剧、浙江的越剧、广东的粤剧、上海的沪剧、湖北的汉剧、

京剧

安徽的黄梅戏、江西的采茶戏、湖南的花鼓戏等,它们多数形成于清代中叶至近代,具有各自的地方特色。

中国戏曲尽管种类很多,但有相近的艺术特色,主要表现为以下方面:

程式化 程式指一定的格式。中国戏曲有许多程式化的规定。如,将戏曲的基本角色分成生、旦、净、丑四类,每一类下再有细分。生,指剧中的男角色,有胡子的中老年人称老生,没有胡子的少年人称小生,会武艺的叫武生。旦,是剧中的女角色,可分青衣、花旦、武旦、老旦几种。青衣表现性格文静的中青年女子,花旦表现性格活泼的少女,武旦是会武艺的女子,老旦是老年妇女。净,又称"花脸",是剧中的男角色,多表现性格豪放、动作粗犷的人。丑,又叫"小花脸",多表现反面人物,有时也可表现正面人物。丑角分文丑和武丑,语言幽默,表演滑稽,惹人发笑。各种戏曲的角色分行虽然并不一致,但基本角色是这四种。

脸谱是中国戏曲程式化的突出表现。脸谱是用各种颜料在脸上勾画出一定的图案,以显示人物的性格。脸谱的

京剧脸谱

式样繁多，但其表达意义是程式化的。如，红脸表示忠诚勇敢，黑脸表示正直刚强，白脸表示阴险狡诈，黄脸表示工于心计，蓝脸表示桀骜不驯，绿脸表示勇猛暴躁。

中国戏曲的程式化还表现在服装穿戴和表演技艺上，如，戴方翅纱帽的官员表示正直忠义，戴圆翅纱帽的官员表示贪墨枉法。演员"捋髯"的动作表示安闲自得，"撕髯"的动作表示气愤，"甩髯"的动作表示激恼，"绕髯"的动作表示喜悦。

虚拟化　虚拟是中国戏曲艺术的又一特色。中国戏曲的时空环境是虚拟的，要靠演员在唱念词中交待剧情的时间与地点，这与西方戏剧以逼真的布景表现真实的环境不同。中国戏曲的演技也有许多虚拟表现，戏曲表演中，骑马、划船、坐车、喝酒、开门、关门、上下楼梯等动作都是虚拟化的，要由演员用形体动作来表演。演员手拿马鞭表示骑马，手持船浆表示划船，手拿着两面画有车轮的旗子表示坐车，用手做出开门关门的动作表示开门关门。四个兵卒在舞台上行走一圈，代表千军万马的长途行军。虚拟化的表演要让观众想象出舞台上没有的东西，它对演员的演技要求很高，需要演员维妙维肖地表演，像开门关门的动作，在什么地方开的门，必须仍然在那个地方关门。上下楼也一样，上楼几步，下楼也必须迈同样的步数。

第四节　中国传统艺术的文化精神

艺术通过形象反映社会生活，表达人的思想情感。它建立在文化的灵魂——文化心理的基础上，由其演变成的文化意识对艺术的各个分支都起制约的作用。因此，在一个文化的内部，各门艺术之间的文化精神是相通的。

中国的各艺术门类之间有着密切的联系，中国的书法与绘画在理论和技法上相融互通,向来有"书画同源"之说;中国的画和诗也是相通的,苏东坡评王维的诗画,称其"诗中有画,画中有诗",说出了诗画之间的关系;中国的园林是诗画艺术的立体转换;而中国戏曲熔音乐、舞蹈、杂技、曲艺、文学、雕塑、绘画各门艺术于一炉,更是体现艺术间相互联系的典范。

中国艺术间的联系不仅是外在的形式上的联系,而且是内在的精神上的联系。各门传统艺术虽然有形式上的差别,但它们的文化精神是相通的。其主要表现有以下几方面:

追求神韵 神韵是指事物内在的精神。中国古代的艺术家十分注重艺术创作的"神似",认为神似比形似更加重要。东晋画家顾恺之提出绘画应"以形写神",南齐书法家王僧虔认为书法以"神采为上,形质次之",唐代书法家张怀瓘(guàn)把书法艺术分为神、妙、能三品,认为"风神骨气者居上,妍美功用者居下",都是强调艺术创作不能满足于形似,而要追求神似。因为,只有神似才能使作品产生悠远的意境、生动的气韵。中国古代有一位名叫徐巨的画家,画鱼画得非常像,但别人讥讽他画的鱼只是形似,缺乏神似,只能充作庖厨之物,让馋嘴之人垂涎。而另一些画家所画之物,粗看不像,细看却越来越耐看。八大山人朱耷的画便是如此,他画的飞禽走兽,仅寥寥几笔,初看不知何物,细看才知道其中的无穷奥妙和意趣。

朱耷的画用的是中国画的写意技法。写意画与工笔画相对,其用笔简练概括,笔意疏宕,以表现物象的意态神韵为目的。写意在中国艺术的其他门类中也有表现,如书法中的草书,园林中的假山,戏曲中的脸谱以及虚拟的演技,都是写意艺术。写意艺术抓住事物的本质特点,突出艺术的内在品质和精神,其实质是中国艺术文化追求神韵的体现。

物我交融 中国的写意艺术并不只是简单地将艺术对象的特征加以浓缩或抽象,而是在其中倾注了艺术家的主观情感。中国文化有

第九章　中国的传统艺术

"天人合一"的思想，认为人是自然的有机组成部分。受这一思想的影响，中国艺术家在创作时，不把自然作为与自己分离的客体看待，而是努力把自我与自然结合，使之达到物我交融的境界。清代画家郑板桥是一位画竹高手，他在画中题诗："非唯我爱竹石，竹石亦爱我也。"显示了自然与人互相交融的意识。中国画中，山水画最受人喜爱，原因就是山水画能表现画家的心灵世界，使画家的自我人格与自然精神合二为一。中国的园林艺术也是人与自然交融的，古人在自己的生活范围里建造一片模仿自然的园林，其本质不单是为了环境的美化，而且是在追求一种精神的寄托。

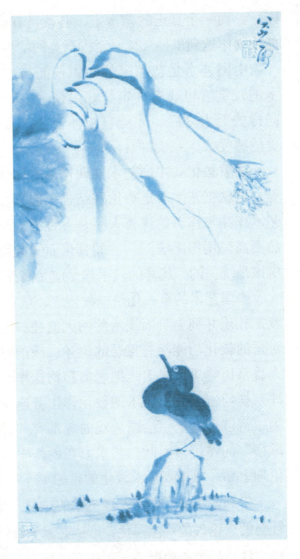

朱耷的花鸟画

中国艺术描绘的世界，既是自然的世界，也是人格化的世界。从这个角度看，中国艺术家的创作是一种心灵的体验。在中国艺术家看来，拥有高尚的道德情怀、虚静淡泊的审美心态比掌握具体的艺术技能更为重要。掌握具体的技能只配称作"画匠"、"工

141

匠",而一个真正的艺术家,必须具有非常高的人格与心灵修养,才能使创作达到出神入化、至善至美的境界。

中国艺术是艺术家的知识技能与心灵修养的结合物,因此,艺术的观赏者也要有一定的心灵修养。观赏者只有在心灵修养上作出同样的努力之后,才能真正体会艺术家在作品中创造的意境,获得美的感受。

注重教化 中国艺术强调作品的创作和观赏都需要渗入人格的修养,这就把艺术与道德伦理结合了起来。传统文艺理论认为,优秀的艺术作品与作者的优秀人品是一致的,所谓"诗品出于人品"、"人品不高,用墨无法"、"闻其乐而知其德"。在中国艺术中,美与善应该是统一的,优秀的艺术作品应是高尚道德情操的形象化体现。

中国艺术的重教化是一种传统,早在西周时期,周公制礼作乐①,就把礼乐并列为巩固统治的两大支柱。孔子、孟子、荀子等先秦诸子对乐的教化功能都有重要的论述。战国时期,屈原作《离骚》,以美人香草比喻忠贞之士,把恶禽秽物比作谗佞小人,使艺术形象与道德评判挂勾。之后,艺术的教化作用普遍受到历朝人士的关注。人们认为,诗歌、音乐、绘画、戏曲等都有"善民心、厚人伦、美教化、移风俗"的作用,因此,艺术家在创作中常有意识地将艺术形象往道德伦理上靠,以达到艺术教化的目的。

中国艺术对于道德伦理主题的执着,使艺术的意识观念与政治的、社会的、伦理的观念同化,形成艺术为政治服务的思想。这一思想对于稳定社会的道德秩序、净化社会风气有着积极的作用,但是也存在很大

---

① 周公制礼作乐 西周的礼乐制度,相传是在西周初年由周公制定的。其中的"礼"指西周的政治准则、道德规范和典章制度,主要内容有宗法制、分封制等。"乐"是贵族举行礼仪活动时的乐舞。

的片面性，因为，一味强调艺术的教化作用，会使艺术自身具有的美学价值受到艺术的社会价值的束缚，失去独立的地位。受其影响，中国艺术的题材相对狭隘、单调，如花鸟画总是集中于梅、兰、竹、菊、牡丹、松树等主题，很少涉及无名的闲花野草；戏曲无论剧情多复杂，收尾总是惩恶扬善，皆大欢喜。

思考题

1. 帖学和碑学有什么不同？清代学者为什么提倡重视碑学？
2. 中国园林的艺术美有哪些方面的体现？
3. 中国传统文化为什么把艺术和作者的道德联系起来？请你谈谈对这一问题的认识。

第十章　中国的传统民俗

　　民俗是民族文化极为重要的组成部分，不同的民俗体现不同民族的生活方式、历史传统、社会意识，使各民族得以保持自己的文化特色。民俗作为社会普遍遵守的规范，还是政治、法律之外控制社会的重要因素。因此，学习研究中国文化不可不对民俗予以充分的注意。

第一节　中国民俗的产生背景

　　民俗是人类最基本的文化现象之一，它广泛存在于社会生活的各个领域，是社会群体性的行为方式和生活方式的表现。民俗是历史的积淀，它可以世代传袭，反复出现，形成稳定的民俗事象；民俗也是地理的标识，生活于不同地方的人有着不同的民风习俗，如一句中国古语所说的："百里不同风，千里不同俗"①；民俗还是民族的象征，世界上各个民族因其发展的差异自然形成许多不同的民俗风貌。

　　中国历史悠久，地域广大，民族众多，有着民俗事象产生的丰厚土壤。从历史来看，中国民俗的起源可以向上推溯到两万年前的山

---

① "百里不同风，千里不同俗"　指生活于不同地方的人有不同的民风习俗。

顶洞人时代。考古发现，山顶洞人已使用骨针缝制兽皮衣服，将穿孔的石珠、兽牙作为装饰品，这应是服饰民俗最初的表现；山顶洞人的尸身周围撒有红色的赤铁矿粉，红色象征鲜血和生命，因此，它很可能是一种当时的葬俗形式。后来，随着原始的家畜饲养、农业耕种和陶器制作的出现，原始先民的生产性民俗开始萌芽。丧葬也使用了石棺、陶瓮等葬具，有了最初的随葬品，并有了集中的氏族墓地。原始先民的婚姻形式是由群婚制①发展为对偶婚②，再向一夫一妻制转变的，期间经历了母系氏族社会和父系氏族社会两个阶段。中国原始先民的婚俗是怎样的，有许多已无从了解，但是，人们从考古发现和文字释义中可以找到蛛丝马迹。考古发现，新石器时代早期彩陶上描画最多的图案是繁殖力很高的青蛙和鱼类，人们还用陶土来塑造孕妇的形象，民俗学家认为，这是原始的生殖崇拜和女性崇拜的反映。然而，后来，女性的地位下降了。汉语"婚姻"的"婚"字是女字旁加一个黄昏的"昏"，它反映上古时代存在抢婚的习俗，即男子趁黄昏天暗时抢掠女子成婚；"婚

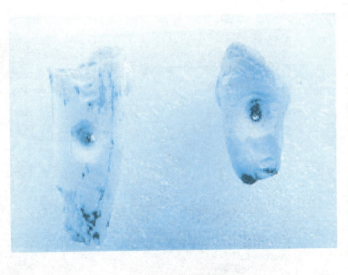

山顶洞人兽牙饰物

---

① 群婚制　原始社会的婚姻形式，由一群男子和一群女子互为配偶。
② 对偶婚　原始社会的婚姻形式，不同氏族的某对男女在某段时间内成为配偶。对偶婚的中心是女方，双方无稳固的婚姻关系。

姻"的"姻"字的解释是女子依靠男子，委托终身。"婚姻"文字的释义显示了女子和男子地位的不平等。

原始社会的先民茹毛饮血①、身着羽皮、刀耕火种②，其民俗的表现与当时的社会状况和经济、生产水平相适应。后世，随着社会的发展，生产力的提高，民俗事象也随之更新与发展。然而，后世流行的习俗中仍可见到某些原始社会习俗的影子，如，现时人们举行的龙舟比赛，可以溯源到原始社会的龙图腾③。据闻一多先生考证，赛龙舟早在原始社会已经出现，是由南方吴越地区的部落举行龙图腾祭祀而来。又如，我国有些地区人们搬家，有以火为先导的习俗。闽南地区人们入居新屋时，要由户主手捧烘炉先导；广西人迁居时，先将一盆

云南蜡染：赛龙舟

---

① 茹毛饮血　"茹"意为吃，指原始人连毛带血地生吃禽兽。
② 刀耕火种　指原始的耕种方法，把地上的草木焚烧后，就地挖坑下种。
③ 图腾　来源于印第安语totem，指原始氏族用动植物或其他自然物作为本氏族的徽号或标志。

旺火搬进新屋；浙江杭州、绍兴一带的人乔迁新居，即使在白天也要用灯烛、火把先导。这种以火先入住屋的习俗来源也可以追溯到原始社会。原始社会的穴居时代，人们进入山洞居住时，总是先用火把入洞，以驱逐洞中可能躲藏的野兽，久而久之，形成以火先入新居的习俗。这种习俗自原始社会出现后一直绵延至今，其时间的穿透力令人惊叹。

当然，中国的民俗并不都有远古时代的背景，中国历史绵远流长，其间不断有老的民俗更新，又有新的民俗产生。中国封建时代，儒家思想占有统治地位，婚姻、丧葬、祭祀、教育以至生活各方面处处显见儒家思想，与此相关的民俗充满儒家的精神。佛教传入中国，出现佛教节日、佛寺建筑，佛教的信仰深入民心，对民俗产生不可低估的影响。近代社会西学东渐①，在西方文化的影响下，人们的衣食住行、婚丧嫁娶、人际交往，乃至道德信仰等方面的民俗风习再次出现深刻变化，时至今日，变化仍在持续。

中国民俗的产生与地理也有相当关联，中国地域广大，各地的民俗相异之处甚多。以传统民居为例，北方草原牧区有毡房、陕北黄土高原有窑洞、云南西双版纳有竹楼、北京有四合院、上海有石库门房屋，其他各地富有特色的建筑还有很多，它们的存在是和当地的自然经济条件相关的。人类的文化创造离不开一定的生态环境，生活在山区的人民用山区特多的石头制造出石屋、石路、石桌、石凳；江南竹乡的人民生活中处处有竹子，他们以竹制的箬（ruò）笠为帽，以竹布制衣，以竹笋为食，以竹纸写字，以竹篓、竹篮、竹笾（biān）盛物，还使用竹椅、竹凳、竹床、竹席、竹帘、竹筷、竹笼、竹杖、竹

---

① 西学东渐　指西方的学术思想向东方传播。广义上的西学东渐包括从古至今的西方各种事物传入东方，但通常而言是指明末清初和清末民国两个时期欧美等地的学术思想传入中国。

筏等各种各样的竹制品。这些物品都使用当地的资源，因地制宜制作而成，充分显示了地理环境对民俗的影响。

中国的饮食因地域不同而有各种风味，近代以来，有特色的中国地方菜系有八个，它们是鲁菜（山东）、苏菜（江苏）、川菜（四川）、粤菜（广东）、浙菜（浙江）、闽菜（福建）、徽菜（安徽）、湘菜（湖南），其中以前四种影响最大。中国地方菜风味的形成不仅与当地的自然条件有关，而且和当地的人文特色也有关联。例如，鲁菜擅长用急火爆炒，烹制的菜肴鲜、脆、嫩、滑，以咸味为主，酸甜为辅。它和山东人豪爽、耿直的性格十分相符。苏菜烹饪善用文火，以炖、焖、蒸、焐见长，烹制的菜肴注重原汁原味。这和江苏人温婉、细腻的性格是一致的。川菜口味辛辣，符合四川人开朗、热情的性格。粤菜取料广泛，其他菜系不常见的蛇、猫等都可入馔，粤菜的烹调还吸取了西餐的某些技艺，这和广东人勇敢、开放的心态有关。中国有一句俗话："一方水土养一方人。"①饮食的风味和人的性格的关系便是这句话的有力例证。

中国民俗的产生还和民族有密切关联。中国的民族众多，各民族都有富有特色的民俗事象，其中以民族服饰最为突出。中国少数民族的服饰大多色彩丰富，有的绣有各种图案花纹，这些色彩与图案花纹是民族精神的反映，也是民族审美意识的表露。云南的西双版纳是一个风景如画的地方，在此生活的傣族姑娘喜欢穿色彩艳丽的紧身衣和筒裙，自然界能找到的各种颜色几乎都可在她们身上见到。傣族姑娘的服饰与其生活环境显得自然协调。生活在吉林延边地区的朝鲜族是个崇尚白色的民族，朝鲜族男子的传统服饰是白色或灰色的衣裤，外套黑色或咖啡色坎肩；朝鲜族女子喜穿白衣、黑裙。这种颜色倾向，

---

① "一方水土养一方人"　意为地域影响和造就人的文化性格。

第十章　中国的传统民俗

朝鲜族服饰

是其含蓄、恬静的民族性格的写照。彝族是中国西南地区的少数民族，彝族以黑色为贵，其服装多用黑、青、蓝等深色布料，有的在上面绣上红、黄、白条纹。彝族服饰的尚黑是因为其祖先以黑虎作图腾，上面绣有红、黄、白条纹正是虎皮花纹的表示。

　　茶是中国发明的饮料，中国人有"以茶待客"的礼俗，然而，中国各民族向客人捧出的茶是有区别的。拿汉族来说，北方人爱喝花茶，江南人爱喝绿茶，福建人爱喝乌龙茶。福建漳州人喝的乌龙茶，是用特殊的茶具冲泡极

彝族服饰

149

浓的茶叶，称作功夫茶。少数民族的茶也有自己的特色，蒙古族、维吾尔族的奶茶，是在茶中放入盐和奶；藏族的酥油茶，是在茶中放入盐和酥油；少数民族的特色茶还有傈僳（lìsù）族的酽（yàn）茶、德昂族的煨（wēi）茶、东乡族的盖碗糖茶等，它们和汉族喜爱的各种茶饮一起，组成中华民族多姿多彩的茶俗。

上述历史、地理、民族的各种因素交织在一起，就是中国民俗事象产生的大背景。

第二节　民俗在文化中的地位及其分类

民俗是一种特殊的文化现象，它与文化大系统发生关系的同时，又和文化大系统下的许多子系统发生关系，其中和文学、历史学、社会学关系最为密切。文学描写有许多民俗事象的反映，民间文学的民俗背景尤其强烈，许多民间文学本身就是民俗事象的记载。为此，一些民俗学家认为，民间文学具有文学和民俗学的双重身份。民俗和历史学也有互相交织的情况，一方面，各种生活民俗、生产民俗、文艺民俗大大丰富了历史的记载；另一方面，历史的发展也促进了民俗的发展。民俗还和社会学有着重重联系，在西方，民俗学是和社会学同时兴起的，两者的研究对象、研究方法十分相像。民俗和文学、历史学、社会学的密切关系使民俗学成为与这三门学科互相交叉的边缘学科。民俗和文化大系统下的政治、哲学、科技等子系统也有联系。中国民俗对于"天"的崇拜意识，被涂上忠君的政治色彩；中国民俗中的阴阳五行意识，是哲学的重要概念；中国民俗崇拜的黄帝、鲁班[①]、

[①] 鲁班　原名公输般，春秋战国之际鲁国的工匠，有许多发明创造，被后世尊为工匠的祖神。

华佗①等历史名人,是舟车、木匠、医药等科技门类的行业神。由于民俗与众多文化大系统之下的子系统有着相互关联,它被看成是文化大系统与其具体门类的子系统联系的中介。但同时,民俗本身又是文化大系统所属的一个子系统,因此,民俗在文化系统中具有双重身份。

民俗在文化中的双重身份决定了民俗的内容是非常驳杂的,有必要将其分门别类,以理顺脉络。下面是中国民俗的大致类型:

物质民俗 指与物质的生产、消费、流通各环节有关的民俗。包括农耕民俗、畜牧民俗、渔猎民俗、手工业民俗、商业民俗、服饰民俗、饮食民俗、居住民俗、行旅民俗等。

社会民俗 由社会群体的结合和交往产生的民俗。包括人生礼仪民俗、姓名称谓民俗、岁时节令民俗、社会结构民俗、游艺民俗等。

意识民俗 体现以信仰为核心的民俗,有原始信仰、宗教信仰、生产和生活禁忌等。

这些民俗类型有各自的划分界限,然而,在实际生活中,许多民俗事象是综合表现的。如,中国的春节是一个综合性的民族节日,从民俗的划分来说属于岁时节令民俗。春节的活动丰富多彩,有写春联、剪窗花、挂年画、贴福字、放爆竹、吃年夜饭、守岁、送贺年片、拜年、给压岁钱、祭天祀祖、迎接财神等。其中和饮食民俗、游艺民俗、信仰民俗等有诸多关联。又如,农耕民俗与农时农事相关,农民的劳作需不违农时,按照节气进行安排;许多民族在大的农事活动,如春播、秋收等季节有固定的祭祀、庆典等仪式。以此看来,农耕民俗与岁时节令民俗和信仰民俗也有着密不可

---

① 华佗　东汉末年医学家,以"麻沸散"作麻醉药为人动手术,后世尊其为医药业的祖神。

分的联系。

中国民俗的类型除了有以上的划分外，还有良俗与陋俗之分，社会道德是区别良俗与陋俗的标准。当然，在不同的社会阶段，道德标准是不同的，良俗与陋俗的评判也会不同。如，在封建社会里，男尊女卑是天经地义的道德，男子纳妾、休妻[①]现象并不受社会的谴责，而从现代人的角度看，这些现象显然属于社会的陋俗，应该受到批判。

春联

第三节　中国民俗的特点和社会作用

由于民俗文化是文化大系统与其具体门类的子系统联系的中介，大文化系统的精神对民俗文化的渗透也就格外突出。中国文化有极强

[①] 休妻　指封建时代丈夫离弃妻子。

的生命延续力，有内在的包容会通精神，而且是一统与多元并存的、崇尚伦理的文化，中国民俗的特点及其社会作用的概括离不开这一大文化系统的背景。具体而言，中国民俗有如下三个特点：

一、民俗的历时性与共时性同时存在

中国的历史悠久，民俗的发生和传承情况十分复杂，许多民俗的源头可以追溯到数千甚至万余年前，如上述搬家时以火先进住屋的习俗就产生在远古人类的穴居时代；又如，中国传统的祭祀有用整个牛、羊、猪作祭品的做法，这一祭俗的起源亦可推至上古时代。然而，中国民俗也不都是古老的，社会的发展不断有新的民俗形成，以近现代来说，城市的发展就导致新民俗的大量产生。出现黄包车①、三轮车、电车、汽车等新的交通工具；戏院、电影院、舞厅、公园等新的娱乐休息场所；百货公司、超市、大卖场、便利店等新的商业业态……；以及与城市化进程相伴随的社会民俗和意识民俗的种种变化。由此可见，中国民俗不仅有旧的，也有新的。旧的民俗产生于过去，是民俗的历时性现象；新的民俗产生之后，与旧民俗在同一

财神

---

① 黄包车　旧时上海一种用人力拖拉的双轮客运工具，车身用黄色桐油或黄漆涂刷，约创制于1870年。20世纪40年代三轮车兴起后，逐渐被淘汰。

时空条件下同时并存,是民俗的共时性现象。因此,对于中国民俗的认识不仅需要从某一民俗发展的过程进行历时性的研究,也要注重民俗的共时性研究。

二、民俗的共同性与多样性同时存在

中国是一个统一的多民族国家,各民族世代生活在同一块幅员辽阔的土地上,有着强大的文化联系纽带,由此产生了不少跨民族的民俗共同性现象。例如,春节是中国最大的民间节日,春节起源于汉族,但是,春节不仅仅是汉族的节日,也是满、蒙、藏、苗、壮、侗、布依、朝鲜等20多个民族的重要节日。端午节除了汉族以外,也是满、蒙、藏、苗、彝、畲(shē)、锡伯、朝鲜、达斡(wò)尔等20多个民族的节日。其他多民族共同参与的节日还有很多。这些多民族共同参与的节日体现了民俗的共同性。然而,中国的民俗也存在多样性的一面。即以春节的娱乐活动来说,汉族有舞龙、舞狮;苗族有斗牛、赛马、打年鼓①、踩芦笙②;壮族有舞鸡③、舞春牛④;瑶族有耕作戏⑤;土家族有摆手舞⑥;藏族有跳锅庄⑦、演藏戏。各民族的年夜

---

① 打年鼓　苗族过年时的节俗活动,在斗牛结束后举行,众人一边喝酒,一边踏着鼓点,和着芦笙的旋律翩翩起舞。

② 踩芦笙　苗族、侗族的节俗活动,农历正月或中秋节举行。参与者按照场上吹奏的芦笙节拍,集体舞蹈。

③ 舞鸡　壮族的节俗活动,春节时,舞鸡者以两个人工制作的假鸡互相打斗,挨家挨户舞鸡贺年,每舞完一户,拔下两三根鸡毛插在鸡笼上,祝祷六畜兴旺。

④ 舞春牛　壮族的节俗活动,春节时表演。"春牛"是用竹片、绵纸和布制成,由两人钻进春牛肚内扮演牛头、牛尾,另一人在后赶牛。还有敲锣打鼓的,领唱春牛歌的,边舞边唱。

⑤ 耕作戏　瑶族的节俗活动,春节时表演。表演者一人扮牛,一人扮扶犁的农民,一人扮扛锄的农民,三人边舞边歌,表示庆贺农业丰收。

⑥ 摆手舞　土家族的节俗活动,年节时举行。众人围在一起,击鼓鸣锣,集体摆动手臂,舞蹈唱歌。

⑦ 跳锅庄　藏、羌等民族的节俗活动,节日或喜庆场合举行。锅庄意为火塘,人们拉手成圈,围着火塘跳舞唱歌。

饭也各有特色，如蒙古族年夜饭吃"手把肉"、彝族吃"坨坨肉"、壮族吃"压年饭"、赫哲族吃"吐火宴"。至于各民族的节日服装和节日礼仪更是五花八门，多姿多彩。

中国民俗的共同性与多样性不仅发生在不同民族之间，而且在一个民族的内部也可见到。如，月饼是中秋节的特色食品，中国各地有广式月饼、苏式月饼、京式月饼、宁式月饼、潮式月饼、滇式月饼等不同风味。过中秋时，各地还有许多不同的节俗。据清代的记载，中秋北京的市场上出售一种俗称"兔儿爷"的泥兔，上面饰以彩画，有的还穿衣戴甲，很受儿童欢迎；安徽的儿童在中秋玩一种"舞草龙"

兔儿爷

的游戏，夜晚时草龙身上插满蜡烛，舞动起来煞是好看；而苏州的中秋之夜，妇女们打扮得花枝招展，结伴出游，俗称"走月亮"。这些不同风味的月饼和不同的中秋节俗活动都出自汉族，显示了居住于不同地区的汉族人中秋节日风情的差异。

三、民俗的相融性和独立性同时存在

中国各民族的风俗习惯在漫长的历史时期里互相影响，有的发生融合。其中汉民族的文化比较发达，对少数民族产生较大的影响。史籍记载的北魏孝文帝改革，就是少数民族受汉文化影响的一个例子。北魏是鲜卑族①建立的政权。孝文帝改革中，有命令鲜卑族改汉姓、说汉话、穿汉服、与汉人通婚等项措施。这是历史上的一次民俗融合的实例。当然，民俗融合的发生在大多数情况下不是靠行政命令，而是在民间自发进行的。旗袍原来是满族的服装，满族建立的清王朝并未强令汉族妇女穿旗袍，然而，民间有汉族妇女学穿满族的旗袍。辛亥革命后，旗袍的样式经过改良，成为汉族妇女的流行服装。旗袍受汉族妇女的欢迎是少数民族习俗影响汉族的一个民俗相融的实例。

与民俗的相融性相对的是民俗的独立性，中国民俗虽然有不少相融性的实例，但是大多数民俗还是保持自己的独立风貌，不然，中国的菜系不会有八大菜系之分，建筑也难以呈现各地的特色。民俗的独立性有时是非常重要的，例如，中国的苗族有红苗、白苗、黑苗等众多支系，苗族支系的区分是依靠其所穿服装的不同颜色，如果这一民俗的独立性消失了，人们将难以区别苗族的支系。民俗是一个民族最有意义的文化特征，保持民俗的独立对于民族的存在和发展有着无比

---

① 鲜卑族　古代中国北方的游牧民族，源于中国东北，东汉末南迁西迁，占据匈奴故地，开始强大，建立北魏王朝，后同化于汉族和其他民族。

重要的意义。

　　民俗与人类的社会生活和社会生产关系密切，它广泛存在于社会的各个角落，对社会产生重要的作用。中国文化是崇尚伦理的文化，民俗中存在大量与伦理相关的内容。如：天地、祖先、鬼神崇拜，婚、丧、寿、诞、祭活动，回娘家、走亲戚、邻里互助、节假日亲朋好友相聚，旧时民间的赛会[①]、社戏[②]、民歌表演等都有很多事涉伦理的内容。这些活动对于加强人的伦理观念、维系家族的团结、增进家人的和睦、扩大和协调人际交往发挥了巨大的作用。中国民俗中的赛龙舟、荡秋千、走旱船、舞龙灯、跳钟馗（kuí）[③]、斗牛、赛马、踏青郊游、歌会等文娱体育活动对于活跃文化生活、增进人民健康起了良好作用。民俗中的端午驱五毒[④]、除夕扫房[⑤]、择屋看风水[⑥]，以及疾病、产育、丧葬等方面的一些禁忌民俗对于避免疾病、保护健康方面有着积极的意义。当然，中国民俗中也存在不少封建迷信的思想和行为，以及某些落后、荒诞的陋风恶俗，对社会产生不良影响。

　　中国古代的统治者很早就认识到民俗与社会风气直接相关的道理，将民俗与政治加以联系。早在西周时，统治者就已经把对民风民

[①] 赛会　古代集娱乐观赏于一体的群众性文化聚会，其源头可追溯到远古的"大傩（nuó）"，赛会时，人们抬着神像出游，边行进，边表演，名为娱神，实为娱人。

[②] 社戏　社，是古代的基层单位，也指土地神和祭祀土地的活动。旧时称节日或庙会上表演的各种杂戏为社戏。

[③] 跳钟馗　古代的一种傩舞。钟馗是传说中的神，其面目可怕，但心地善良正直，能捉鬼为民除害。跳钟馗是由钟馗和五个小鬼表演的舞蹈，最后钟馗战胜了小鬼。

[④] 端午驱五毒　端午节在农历五月五日，天气往热的方向发展，民间认为此时是五毒（蝎、蛇、蜈蚣、壁虎、蟾蜍）出没之时，要用各种方法预防五毒之害。

[⑤] 除夕扫房　源于古代驱除疫病的宗教仪式，后来演变为年终的卫生大扫除。

[⑥] 择屋看风水　风水术是指导人们选择和处理住宅（阳宅）与坟地（阴宅）环境的一种方法，古人买房造屋或选择坟地时要看风水的好坏。

俗的了解作为观测政治得失的尺子，派人去民间采风。西周之后，历史上一些有作为的统治者都重视民俗的教化作用，将民俗视为政治和法律的辅助工具。他们从维护统治的角度去强调移风易俗①，提倡以良俗作为社会的楷模，使之有利于国家的治理。在世界各民族中，将民俗的作用提到如此高度的，可能属中国首倡。而这也从另一个角度向我们展示了民俗在中国大文化系统中所处的地位。

思考题

1. "百里不同风，千里不同俗"这句话表示什么？请举例说明这一现象。
2. 为什么说民俗在文化系统中具有二重身份？
3. 中国民俗有哪些特点？
4. 为什么要提倡移风易俗？

---

① 移风易俗　改变旧的风俗习惯。

第十一章 中国的传统宗教

宗教是人类社会普遍存在的文化现象。在人类历史上，宗教与文化有着十分密切的关系，正如了解基督教是了解西方文化的密钥一样，了解中国的传统宗教也是了解中国文化的必由途径。

第一节 中国传统宗教的概况

中国不是一个宗教国家，在中国，历史上从来没有一种宗教的势力能够超越世俗王权。但是，中国又是一个宗教极其丰富的国家，早在远古时代，就有自然崇拜、图腾崇拜、鬼神崇拜、祖先崇拜等原始宗教存在，后来出现道教这一土生土长的中国宗教。世界三大宗教佛教、伊斯兰教、基督教在古代都先后传入中国，传入中国的外来宗教还有摩尼教、祆（xiān）教、犹太教等。中国的土生宗教除了道教以外，还有弥勒教、大乘教、白莲教、罗教、黄天教、弘阳教、八卦教等许多民间宗教。此外，少数民族中有萨满教、本教、东巴教等流行。这些宗教全部加起来数量约有百种以上。

中国的宗教虽然很多，然而，真正得到广泛传布，影响深远的是佛教和道教。伊斯兰教和基督教在古代流传虽然不广，但是有自己特色，此外，民间宗教亦有自己的特色。

一、佛教

佛教产生于公元前6—5世纪的古印度，公元1世纪左右，相当于西汉末东汉初的时候传入中国。佛教刚传入时，中国人只是把它看作神仙方术①的一种，信仰的人不多。汉末至魏晋南北朝时期，佛教得到迅速传播。佛教传播的原因主要有三点：一是人们饱受战争的痛苦，需要寻求精神寄托，佛教为来生修行的教义正好符合这一要求，使佛教的传播有了社会的基础；二是此时流行的魏晋玄学认为现实世界是虚无的，和佛教的出世②思想产生共鸣，使佛教易于被人接受；三是统治阶级对于佛教非常热衷。在这些因素的共同作用下，佛教得以兴盛起来。南北朝时，南方建造了大量的佛教寺庙，北方开凿了许多佛教石窟，著名的大同

云冈石窟

---

① 神仙方术　指古代方士所行的巫祝之术。祈求躲避灾难、摆脱生死、寻求世外桃源。
② 出世　对世俗之事不关注的思想，与入世相对。佛教指摆脱世间的束缚。

云冈石窟、洛阳龙门石窟和敦煌莫高窟都开凿于这一时期。这一时期，还有大量的佛经被翻译成汉文。

佛教在隋唐两代，特别是唐代达到发展的高潮。隋唐的帝王大多笃信佛教，采取积极扶持佛教的政策。唐代的佛经翻译大多由国家主持，所译佛经的数量和质量超越前代，达到最高成就。唐代还出现了众多佛教宗派，主要有天台宗、三论宗、法相宗、华严宗、净土宗、禅宗、律宗、密宗。这些宗派的出现适应了社会各阶层人群对于佛教的需要，其中以禅宗、净土宗的传播和影响最广。

"禅"在印度佛教中是一种修炼方法，其意为静心思虑，传入中国后成为一个佛教宗派。禅宗与其他宗派不同的是修行方法简便。禅宗认为，人的本性原来是干净的，人人都有佛性，人们只要坐禅修行，觉悟自己的本性，就能顿悟成佛。禅宗倡导心性自由，它没有繁琐复杂的宗教形式，也不需背诵佛经，对修行者有很大的吸引力。净土宗的修行方法也很简便，以《无量寿经》、《阿弥陀经》为主

《引路菩萨图》敦煌莫高窟壁画

要经典，宣扬只要一心念"南无阿弥陀佛①"就能往生西方极乐世界②，因而也有大批信徒。

唐代以后，禅宗和净土宗继续盛行，其他佛教宗派日趋没落。至明清时代，除了禅宗和净土宗以外，其他宗派已基本沉寂。

中国的佛教有三个系统，上述部分是汉传佛教系统，汉传佛教以外，中国还有藏传佛教和南传上座部佛教。藏传佛教俗称喇嘛教，是公元7世纪从中国汉地和印度分别传入的佛教融合而成，主要流行于西藏、青海、云南、四川、甘肃、内蒙等地区。南传上座部佛教约在公元11世纪从缅甸传入云南，流行于云南南部地区。这两种佛教各有自己的特色，信众主要是中国的少数民族。

二、道教

道教是一种崇拜神仙的宗教，它以道家理论为基本教义，把春秋时代的道家创始人老子奉为道教的神。老子以外，道教还崇拜其他众多的神仙，是一种多神教。

道教产生于东汉中叶，比佛教传入中国的时间晚，但是它的渊源却很早，原始时代的鬼神崇拜和巫术、春秋时代的道家和墨家思想、战国时期的神仙方术、秦汉之际的黄老之学③，以及汉代的谶（chèn）纬神学④都是道教产生的渊源。

---

① 南无阿弥陀佛　佛教术语，源于梵文音译。南无意为致敬，阿弥陀佛是佛名，全句意为向阿弥陀佛致敬。

② 西方极乐世界　又称西方净土，佛教传说阿弥陀佛居住的西方净土是没有苦难的极乐世界，因而为佛教徒所向往。

③ 黄老之学　秦汉时的哲学、政治思想流派。托名黄帝和老子，实为道家和法家思想的结合，并兼采儒家、墨家、阴阳家等思想而成。

④ 谶纬神学　古代的一种具有迷信色彩的思想。谶是一种神秘预言，用以预测吉凶，因通常配有图，又叫图谶。纬相对于经而言，指用图谶等解释儒家经典。

第十一章 中国的传统宗教

道教最早的组织是五斗米道和太平道，东汉顺帝时，张陵在四川创立道教，加入者要交五斗米，以备灾年救急，人称"五斗米道"。五斗米道用符水咒语等巫术给人治病，吸引了大批百姓参加。太平道是灵帝年间由张角在河北创立的，也以巫术治病吸引信众。公元184年，太平道发动大规模农民起义，参加者用黄巾包头，史称"黄巾起义"。起义遭到统治者镇压后失败。

五斗米道和太平道的参加者主要是农民，其传播手段不依赖于官方，属于民间的宗教组织。魏晋南北朝时期，道教开始走上理论化、上层化的道路，成为统治阶级认可的官方宗教。这一时期，葛洪、寇谦之、陆修静、陶弘景等人撰写了不少道教著作，使道教的宗教理论得以形成。

老君像

隋唐至宋元时期，道教得到统治阶级的尊崇，发展兴盛。道教在发展过程中，也和佛教一样出现过许多宗派，后来，各宗派逐渐合流，基本形成"正一道"和"全真道"两大宗派，正一道主要流行于南方，全真道则流行于北方。明清时期，道教在上层阶级中的地位下降，逐渐走向衰微。

三、伊斯兰教

伊斯兰教在公元7世纪初产生于阿拉伯半岛，之后不久就传入了中国，当时正是唐朝初年。伊斯兰教的传入主要有两条路线，一条是陆路，经由西亚、中亚、新疆进入中国内地；另一条是海路，从波斯湾和阿拉伯海出发，到达中国南方的广州、泉州、杭州、扬州等地。最初给中国带来伊斯兰教的多数是来华经商的商人和外交使者，他们中有些人在中国定居，成为在中国的伊斯兰信徒。此外，唐朝中期，中国发生"安史之乱"，向阿拉伯借兵平叛，战争结束后，平叛部队中有些信仰伊斯兰教的士兵留在了中国。宋朝时期，来华经商的中亚、西亚信仰伊斯兰教的商人有的也选择在华定居。

元朝建立之前，蒙古军队远征中亚和西亚，把一些信仰伊斯兰教的当地人编入蒙古军队，元朝建立之后，那些军队被派驻中国各地。元朝灭亡了，他们没有回到家乡，而是在中国定居下来，和唐宋时期就来到中国的伊斯兰教徒一起形成中国的一个新的民族——回族。

中国信仰伊斯兰教的除了回族外，还有维吾尔、哈萨克、乌兹别克、塔吉克、塔塔尔、柯尔克孜、撒拉、东乡、保安等民族，这些民族主要分布在中国的西北地区，其信仰的伊斯兰教是在10世纪至14世纪由中亚经陆路传入的。

四、基督教

基督教在历史上曾经四次传入中国，第一次是在唐朝贞观九年（635年）由波斯传入，中国人称其为景教。景教是基督教的一个分支聂斯脱利派，由罗马帝国君士坦丁堡的主教聂斯脱利在公元5世纪创立。这一教派被罗马教廷视为异端，教徒受到迫害，逃往波斯，后在波斯王朝的庇护下得到发展。景教传入中国后，得到唐朝政府的礼遇，允许建寺传教，但后来受唐武宗灭佛的牵连而消亡。

基督教第二次传入中国是在元代，由于蒙古西征，东西方的交通得到沟通,景教和罗马天主教等西方的基督教因而进入中国,元朝将其统称为"也里可温",由朝廷设崇福司管理。也里可温教的教徒主要是蒙古人和色目人①,元朝灭亡后,该教也消亡了。

明末清初,基督教第三次传入中国。当时,由天主教耶稣会等修会派出的传教士来到中国。以利玛窦②为代表的传教士倡导把基督教义和儒家的学说沟通,受到中国士大夫的欢迎,打开了传教局面。但是,清代康熙年间,罗马教廷反对信教的中国人祭祖拜孔,颁布传教"禁约",发生传教史上的"礼仪之争",康熙帝下令禁止传教士传教。雍正时,禁教政策进一步严厉,除皇宫中留用少量传教士外,其余的传教士被驱逐至澳门,基督教传教再次受挫。

基督教第四次传入中国

利玛窦

---

① 色目人　元朝人民的四种位阶之一。色目人是"各式名目的人",指除了蒙古人、汉人(原金朝统治下的北方各族人)、南人(原南宋统治下的汉人)之外的其他人。

② 利玛窦(1552—1610)　意大利天主教耶稣会传教士,明朝万历年间来到中国传教,结交中国官员和社会名流,在传教的同时,传播西方的近代科学技术,为中西文化交流作出了贡献,1610年病逝于北京。

已是鸦片战争以后了，这是因鸦片战争中国战败，西方传教士再次来华。此时来到中国的基督教派别不仅有天主教，还有基督新教和东正教。在这些宗教中，中国人习惯上把基督新教称为基督教，或称耶稣教。由于天主教、基督新教、东正教都是属于基督教系统的宗教，因而中国人又把它们统称为基督教。

五、民间宗教

中国的民间宗教是流行于社会底层的多种宗教的统称，它们常遭到政府的镇压，处于秘密活动的状态。

中国民间宗教的源头是东汉时代的五斗米道和太平道。宋元时期，民间宗教的发展越来越旺，至明清达到顶峰。中国的民间宗教多数是国内的，但也有一些源自国外，如摩尼教、祆教都是来自国外的宗教，传入国内后成为民间宗教。

东汉以来，中国的民间宗教在社会中绵延流传已有两千年，其间出现过众多的教派宗门，然而，其发展还是有一定的轨迹，大体而言，可分为四个阶段。东汉末年至南北朝是第一阶段，出现了五斗米道、太平道这样以民间宗教面目呈现的早期道教。第二阶段是南北朝至北宋，这一时期的民间宗教多以佛教异端的形式出现，主要有弥勒教、大乘教，还有域外传入的摩尼教、祆教。第三阶段是从南宋至明中叶，白莲教成为主要的民间宗教。第四阶段从明中叶至清末，出现罗教、黄天教、西大乘教、东大乘教、弘阳教、龙天教、长生教、青莲教、八卦教、一炷香教等名目众多的教门，这一时期成为民间宗教最为活跃的时期。

中国的民间宗教中有许多是反政府的秘密组织，它们和封建时代的农民起义有密切的关系，东汉末年的黄巾起义、元朝末年的红巾军起义、清朝中叶的白莲教起义，以及太平天国运动、捻军和义和团运动都和民间宗教有关。因此，民间宗教常常受到政府的打击和镇压。

当然，民间宗教中也有一些投靠政府，力图使地位合法化的。因此，不能把民间宗教和中国的农民运动画等号。

第二节　中国传统宗教的特点

中国传统宗教是传统文化的组成部分，在中国特殊的社会历史环境中，传统宗教呈现出以下的特点：

一、宗教势力不能超越世俗权力

中国历史上没有出现过政教合一的制度，在中国，宗教势力从来没有超越过世俗权力，而是在世俗权力的庇护下生存。宗教的发展一旦影响世俗权力的利益，就会受到打击。中国历史上有过四次大规模的灭佛事件，分别发生在北魏太武帝、北周武帝、唐武宗和后周世宗统治时期，这四次事件的原因都和佛教过于兴盛，给国家经济带来威胁有关。在封建时代，出家的僧尼是不用向国家纳税服役的，僧尼人数过多，必然与世俗政权发生矛盾，因此导致灭佛事件的发生。

二、民众的宗教观念相对淡薄

中国人与欧洲人、印度人、阿拉伯人相比，宗教观念是比较淡薄的。中国的民众受儒家思想影响深厚，儒家思想不是宗教，但是儒家思想经董仲舒改造后，把伦理道德和虚无缥缈的"天"结合了起来，使它有了宗教色彩。儒家思想在宋明理学的阶段又大量吸收佛、道两教的思想，宗教色彩大为增强，因而有人把它称作"准宗教"。儒家思想是中国封建社会的统治思想，它对中国人的影响有如宗教国家的民众心目中的宗教，因此，中国尽管有许多宗教，但是没有一种宗教能取代儒家思想在意识形态中的统治地位。

儒家思想有强烈的入世精神①和人文理性，受儒家思想的影响，中国人普遍重实用轻幻想，许多人信教不是为了拯救灵魂，而是要解决生活中的实际问题。他们往往怀着功利的目的求神拜佛，想发财时，去拜道教财神；想得子时，去拜观音菩萨。人死后办丧事，可以既请和尚又请道士，共同为逝者超度亡灵。

三、各种宗教能兼容并存

中国是一个多宗教的国家，各宗教之间虽然有矛盾和冲突，但是，没有发生宗教战争，各种宗教能在一起兼容并存。在中国，各种宗教的信徒可以和睦相处，官方亦采取兼容并蓄的宗教政策。在这样一个环境下，中国的各宗教之间常常互相影响。道教初创时，曾经援引佛教的教规教仪，并吸收佛教的轮回报应思想，描绘恶人死后的层层地狱景象。佛教也借鉴道教修炼内丹的方法，把它融合进佛教的禅法。中国宗教信仰的相融性在民间宗教中表现尤为突出，许多民间宗教是道教和佛教信仰的混合品，白莲教就是在佛教净土宗的基础上，融入摩尼教和道教的成分而形成的。

四、外来宗教必须和中国文化结合，才能被中国人接受

古代的外来宗教传入中国，都是在和中国传统文化结合之后，才被中国人接受的。佛教是最早传入中国的外来宗教，它在传播的过程中，经受了许多中国化的改造。观音菩萨原来是男身，但是中国佛教

---

① 入世精神　入世指关注、投身于世间事物。儒家思想有很强的入世精神，重视在现世人生中建功立业。

把他变成了女身,这是因为,在中国人的心目中,大慈大悲、救苦救难的观音菩萨更符合女性的性格特征。观音菩萨变成女性之后,还成了帮助生育的送子娘娘,受到广大女性的顶礼膜拜。在古代,基督教曾经多次传入中国,第一次和第二次传入时影响不广,第三次传教士把基督教义和儒家学说结合起来,得到中国人的理解和信仰,基督教才在较大范围传播开来。伊斯兰教传入中国后也有一个和中国文化结合的过程,尤其明朝时期,一些信仰伊斯兰教的儒生用儒家思想来解释伊斯兰教的经文,促进了伊斯兰教和中国文化的结合。

宋代观音菩萨坐像

第三节 中国传统宗教对文化的影响

宗教作为文化的一个子系统,对于文化的其他子系统,如哲学、文学、艺术、科技、民俗等有不同程度的影响,中国的传统宗教中尤以佛教和道教对文化的影响为最大。

一、佛教对文化的影响

佛教是对中国文化影响最大的外来宗教。中国哲学思想的发展曾被概括为几个阶段，其中封建社会最盛的隋唐时期的哲学思想是以佛学为标志的，隋唐佛学对中国哲学的丰富与发展起了重要的作用。宋代以来的中国思想家几乎都从佛学中吸取过营养，如果没有佛学，就不会出现中国哲学史上的高峰——宋明理学。佛学中蕴藏着极深的智慧，它对宇宙人生的洞察，对人类理性的思考，有着深刻独到的见解。佛教传入之前，中国哲学对于人死后的"彼岸世界"问题没有深入地探讨，儒家对此持回避态度，道家的出世思想朦胧地触及这个问题，民间信仰虽然相信死后有灵魂存在，但是缺乏"死后世界"的清晰概念。佛教传入后，由涅槃①思想和轮回观念构成的"彼岸世界"填补了中国哲学的这一空白。

佛教对中国哲学的"爱"的观念也注入了新的内容。佛教传入之前，中国哲学对"爱"的表达有儒家的"爱有差等"思想和墨家的"兼爱"思想。"爱有差等"是建立在伦理之上的道德原则，它以人伦关系的远近区别人类之爱，认为爱自己的父母当然要重于爱一个陌生人；"兼爱"否认父母和陌生人之间的区别，认为对所有的人都要一视同仁地去爱。汉朝将儒家思想定于一尊之后，"兼爱"思想在中国文化中的影响渐渐消失。佛教的"爱"和儒、墨两家都不同，佛教提倡爱"一切众生"，其范围包括人和人以外一切有生命和无生命的物质，这一观念所表达的爱是宽泛的、平等的博爱。它传入之后，丰富了中国哲学"爱"的观念，促进了人们乐善好施、积德行善的思想与行为，对人们的环境意识、生态意识也产生了积极影响。

---

① 涅槃　佛教名词，意为达到不生不灭，身心俱寂的解脱境界。

佛教对中国的语言和文学艺术有广泛的影响。佛教传入后，汉译佛经的词语大量进入汉语，据近代日本编的《佛教大词典》，佛经翻译进入汉语的词语约有35000条。这些词语不仅有佛、塔、菩萨、观音、罗汉、袈裟等佛教的专门词语，还有很多一般的词语，如：享受、希望、援助、机会、储蓄、消化、赞助、谴责、评论、控告、厌恶、傲慢、转变、绝对、现行、清规戒律、不可思议等等词语都来自佛教。可以说，如果没有这些词语，我们今天几乎难以开口说话！

佛教对中国的诗歌影响很大，佛经是用梵文写的，南朝学者沈约受梵文的发音启发，发现了汉语语音的四声变化，开始提倡诗歌格律，从而使中国诗歌进入了格律诗的新时代。唐朝是中国诗歌的全盛时代，唐诗主要是格律诗。唐诗的内容与佛教也有相当关系，《全唐诗》收录的近5万首唐诗中，约有十分之一与佛教有关。诗歌之外，佛教还对中国的小说和戏曲有相当影响。

佛教对艺术的影响体现在建筑和绘画、雕塑方面。塔是佛寺建筑的标志，印度佛教中就有，中国的塔将印度塔与中国的楼阁式建筑相结合，使塔成为中国建筑艺术的瑰宝。佛教的绘画和雕塑技法与中国原有的方法有所不同，佛教的传入推动了绘画和雕塑的发展，为后人留下了许多艺术珍品。

佛教对中国的民俗也有很大影响。佛教传入中国后，四月初八浴佛节、腊月初八佛成道日等佛教节日逐渐成为民间节日，烧香、拜佛、还愿、赶庙会、求观音、吃素食、喝腊八粥等许多民间习俗也得以形成并流传。

二、道教对文化的影响

道教作为本土宗教，深深地植根于传统文化的土壤中，对传统文化的影响力不在佛教之下，鲁迅先生甚至认为，中国文化的根柢全在道教。

西安大雁塔

  道教的宗教思想和外来宗教,如佛教、基督教等有很大的不同,佛教、基督教关注人死后的灵魂救赎,而道教关注的是现实生活中的活人。道教主张以修炼的手段使身体健康、精神愉快,进而达到长生不老、成为神仙的目的。这种既可享受现世生活的快乐,又有追求生命永恒的信仰符合中国的文化传统。

道教对文化的影响首推古代的科技。道教徒为了实现长生的目标，需要服食丹药。所谓丹药，是把一些矿物和动植物等放入鼎炉中烧炼而成。道教徒在炼丹的过程中反复试验，发现了一些化学反应的规律，这是人类历史上最早的化学实验，火药的发明即与此有关。因此，炼丹术被称为人类化学的鼻祖。

道教的炼丹术和中医的发展有密切关联，中医外科使用的膏药最早就是用炼丹的方法制成的，膏药发明后，成为中医外科的主药。道教对医学的贡献除了膏药外，还有其他方面的内容。道教的炼丹分外丹和内丹，用鼎炉炼丹的方法称为外丹，内丹是一种导引之术，它用意念控制的方法在体内运气，起到调整阴阳、疏通经络、强身健体的作用，这就是今人所称的气功。道教徒对中医的药物和方剂也有很大贡献，魏晋隋唐时期的葛洪、陶弘景、孙思邈等著名医学家都是道教徒，他们撰写的医

《八仙图》清 黄慎

学著作代表了当时医学的最高成就。

道教描绘的神仙世界,被历代文人写进了诗歌、小说、戏曲中。唐代诗人李白一生写过很多和神仙有关的诗,因此后人称他为"诗仙"。此类展现道教思想的诗后来形成诗歌中的一大类型,称作游仙诗。道教的内容在小说中大量出现,中国古代的著名小说如《西游记》、《水浒传》、《三国演义》、《红楼梦》、《聊斋志异》、《封神演义》等都富有道教的色彩。道教还为民间文学的创作提供了丰富的素材,产生了"八仙过海①"、"钟馗打鬼"等流传广泛的民间文学故事。

道教对民俗也有广泛影响,中国传统民间节日的许多活动与道教有关,拿春节来说,贴春联、年画、门神,祭灶,迎财

《钟馗捉鬼图》清 任伯年

---

① 八仙过海　八仙是民间传说的八位道教神仙,他们好打抱不平,惩恶扬善。八仙过海的故事是说他们来到波涛汹涌的东海边,各以法器投入海中,站在各自的法器上,渡过了大海。人们以此来比喻依靠自己的特别能力而创造奇迹的事。

神等许多节俗都有道教的因素。清明节、端午节、中秋节、重阳节等民间节日也有很多展现道教风采的习俗。道教深刻影响民间的信仰习俗,玉皇大帝、王母娘娘、文昌帝君、关帝圣君等许多道教神仙是民众普遍的崇拜偶像,祭祀城隍、土地、关帝的城隍庙、土地庙、关帝庙几乎遍及全国各个地区,民众无论是否信仰道教,都对这些神灵有敬畏和崇敬之情。

思考题

1. 佛教中国化的内在原因是什么?
2. 你对"中国文化的根柢全在道教"这句话有怎样的理解?
3. 传统文化对宗教的影响体现在哪些方面?请举例说明。

第十二章 中国的传统教育

中国是一个重视教育的国家,有着十分悠久的教育历史和优良的教育传统。数千年来,中国文化依赖教育得以一代代地传承和发展,与此同时,中国的教育经验和教育思想也被一代代地累积,成为文化宝库中不可多得的宝贵遗产。

第一节 中国古代的学校教育

中国古代的学校按其性质可以分为官学和私学两类,官学先于私学产生。中国古代的官学产生很早,古籍记载,夏朝已经有了称作"庠(xiáng)"、"序"、"校"的官学。商朝除了这些名称外,还有"学"、"瞽(gǔ)宗"等教育场所。西周的学校分国学和乡学,国学设于王城及诸侯的国都,有大学和小学之分,其中设于王城的大学叫"辟雍",设于诸侯国的大学叫"泮(pàn)宫"。乡学设于王城及诸侯国都的郊野,称作"庠"、"序"、"校"。西周官学的教师都由官吏担任,学生限于贵族子弟,教学内容包括礼仪、音乐、射箭、驾车、识字、算术等,当时人称其为礼、乐、射、御、书、数,总称"六艺"。

汉朝的官学分处中央和地方,中央官学有太学、鸿都门学和四姓小侯学,其中太学创立于汉武帝时期,是汉朝的最高学府。学生除贵族外,也有平民,所学内容主要为儒家经典。太学的规模很大,西汉平帝时为太学生建造的校舍能容纳万人,东汉太学生人数最多时达3万,是当时世界上最大的学校。鸿都门学建立于东汉灵帝时,是一所专门学习书画辞赋的艺术学校。四姓小侯学是东汉明帝专为外戚四姓子弟设立的贵族学校。汉朝的地方官学中,位于郡国的称学、校,位于乡聚的称庠、序。

魏晋南北朝时期由于战乱,官学时兴时废,处于衰落局面,但在教育制度上却有新的发展。如晋朝在太学之外另设国子学,专收五品以上官员的子弟入学。南朝宋文帝时,在京师分别设置儒学、玄学、史学、文学4个学馆,后又设医学馆,此举打破了儒学一统教育的状况,开创了分科教学的教育新模式。

魏晋南北朝之后,隋朝统一了全国。隋朝开创了科举考试制度,这一制度把读书和考试做官联系起来,对学校,特别是官学教育产生极大的影响。

隋朝存在时间很短,隋朝之后,中国进入唐朝统治时期。唐朝是中国封建社会的盛世,官学得到长足发展。唐朝在中央设有教育行政管理机构国子监,下设国子学、太学、四门学、律

北京国子监

学、书学、算学等学校。此外，门下省、东宫和尚书省的下属机构也有一些自己所属的学校。唐朝学校的分科教学已相当完备，除儒家经典外，法律、书法、算术、医学、玄学都有专门的教学，其中医学、算术、法律等应用性学科的专门学校是世界上最早出现的实科性学校。唐朝地方的府、州、县分别设有官学，地方上也有医学等分科教学设置。

唐朝以后，官学教育仍有发展，北宋在地方路一级的行政机构①设置学官，加强对地方教育的管理，又由政府为学校拨置学田，使学校有了固定的教育经费。学官、学田制为后世继承。宋徽宗时，还增设了武学、画学，丰富了专科教育的内容。在教学制度上，宋元时由分科教学进而发展到按学生的程度分斋教学，以考试成绩升等毕业，使学校制度更加完善。

明清的学校体制与唐宋大致相同，即中央有国子监等学校，地方有府、州、县学。清朝的地方官学发展至1700余所，为了适应外交需要，清朝还设立了培养翻译人才的"四译馆"、"俄罗斯学馆"等学习外语的专科学校。

清朝末年，由于西方资本主义列强的入侵，西方文化对中国的学校教育产生影响。19世纪下半叶洋务运动时，清政府设立了一些新型的外语学堂、军事学堂和技术学堂，并派留学生出国学习。1902年和1904年，清政府参照西方的学校教育，两次颁布新学制，对学前教育、小学、中学、高等学堂等各类学校的入学条件、培养目标、课程设置、教育年限等作出规定，改变了延续两千多年的以儒学为尊的教育局面。1905年，清政府宣布废除科举制度。新学制的创立和科举制

---

① 路一级的行政机构 "路"在中国历史上曾经作为地方行政区划的名称，北宋、南宋、金朝和元朝都有"路"一级的地方行政设置。

度的结束，标志着中国古代传统的学校教育制度走向终结。辛亥革命之后，政府进一步作出废止小学生学习儒家经书，男女生可以同校等决定，促进了学校教育迈向新的发展里程。

中国古代的私人办学始于春秋战国，当时，社会处于急剧变革时代，士阶层兴起，各种学派思想盛行，官学的教育垄断被打破，民间出现私家办学的新气象，涌现出孔子、墨子、孟子、荀子等许多知识渊博、充满智慧的私学大师。其中孔子的影响最大，他的学生据说有3000人之多，身通"六艺"者有72人。

汉朝的私学有相当于官学中最高学府太学程度的"精舍"、"精庐"，也有初中级程度的"学馆"、"书馆"。各类私学极其兴盛，学生的总数超过官学。一些有名的经学大师招收的学生多达数百，甚至成千。

魏晋南北朝官学不振，私学却仍然兴盛，名儒门下的弟子常有数百至上千。

隋唐的私学与官学同样发达，隋朝名儒王通的弟子遍及天下，唐初有名的卿相皆出其门下；唐代柳宗元被贬柳州时，许多士人不远千里纷纷前往从师学习。

宋元时期，一类新的私学形式——书院开始蓬勃发展。书院的性质为民办大学，一般多设于山林名胜之地，其办学的宗旨不是为了应付科举考试，师生不慕名利，专心学问，互相间关系融洽，学术研究的风气甚浓。书院的教学内容与当时正在兴起的理学有关，教学方法采用学生个人钻研，相互问答和聚众讲解相结合的方式，教师进行读书指导，注重学生自学能力的培养。书院还创立了"讲会"制度，邀请不同学派的学者往来讲学，进行学术交流。书院的学习气氛优于官学，因而能吸引大批士子，出现了江西庐山白鹿洞书院、湖南长沙岳麓书院等一批有名的书院。

书院教育在明清继续存在，但统治者对书院的自由讲学风气不

白鹿洞书院

满,明朝出现四次毁废书院①的行动,清朝由政府在各省城建立书院,将书院纳入为科举办学的官学体系,使书院失去了原有的办学特色。1901年,清政府下令将书院改成学堂,书院的教育形式退出了历史舞台。

宋朝以往,私立的蒙学教育也有较大发展。蒙学又可称作乡学、村学、私塾,是民间识字和学习初等知识的学校。蒙学教育一般多从《三字经》、《百家姓》、《千字文》等识字课本开始,进而学习"四书"等儒家书籍。清朝末年,随着新式学堂的出现,蒙学教育逐

---

① 明朝四次毁废书院　明朝后期,政治腐败,权臣、奸臣和宦官当道,统治者对书院的自由讲学不满,因而四次毁废书院。这四次分别发生在嘉靖十六年(1537)、嘉靖十七年(1538)、万历七年(1579)、天启五年(1625)。

渐被新兴的小学教育所代替。

第二节　中国传统教育的文化印记

　　中国有绵延数千年的教育历史，漫长的历史岁月给中国教育留下了深刻的文化印记。清朝末年至民国时代，在西方文化的影响下，中国的学校制度发生根本性的变化，完成了旧式学校向新式学校的转型。旧式学校和新式学校在教育年限、课程设置、教材选用、学生培养等各个方面都有很大的不同，然而，教育制度虽然改变了，传统教育留下的文化印记却并未完全消失，在新的环境下，它们仍在或多或少地产生影响，尽管其表现形式已和过去有所不同。以下是传统教育的几个主要的文化印记：

一、尊师敬学

　　中国古代有尊师敬学的文化传统。古代最早的文献《尚书·泰誓》中把君和师放在一起并称，已现尊师的萌芽。战国时期的思想家荀子在他的著作《荀子·礼论》中进一步把天、地、君、亲、师并列，提出君师是国家治理的根本。汉朝将儒学作为统治思想之后，儒家的创始人孔子受到尊崇，地位越来越高。到封建社会后期，各地普遍设有文庙，供奉孔子，每年定时祭祀。古代的学校在建校及开学时，也要举行祭孔的仪式。孔子是一个教育家，古代社会延续两千多年对孔子的尊崇，使孔子成为传统尊师文化的突出象征。

　　敬学是与尊师相联系的教育传统。中国古代有一句俗语："万般皆下品，唯有读书高。"[①]凝聚了古人浓重的敬学思想。古人敬学思想

[①] "万般皆下品，唯有读书高"　语出宋朝汪洙《神童诗》，意为做任何工作都没有读书好。

的具体体现是社会对读书人的敬重。在古代社会中，读书士子特别是取得功名的读书人享有一般民众没有的权利，其原因除了出自王朝的规定外，也得益于社会上敬学风气的影响。隋唐以后，由于科举考试的实行，没有特殊家庭背景的普通读书人通过考试也能做官，使敬学的风气得以进一步发展。古人敬学的精神还延伸到对写有字的纸的尊崇上，人们对写有字的纸不敢随便加以亵渎，在这种精神的影响下，即使目不识丁者，也同样有敬惜字纸的心理。

二、德育为先

中国古代的教育家十分重视道德教育，认为教育的目的是培养具有理想人格的人，因而强调应把德育放在教育的首要位置。古代重视道德教育的传统自西周时已开始，西周的官学把"礼"作为教育的主要内容，"礼"是社会成员共同的行为规范，"礼"的教育就是当时的德育。孔子曾说："不学礼，无以立"①，把学礼作为立身处世的首要大事。孔子还把"礼"与"仁"、"义"、"孝"等伦理规范相联系，又提出以"文、行、忠、信"四教为教育的重点，其所说的"仁"、"义"、"孝"、"行"、"忠"、"信"都属道德教育的范畴。孔子之后，孟子发展了道德教育思想，提出"五伦之教"，把"父子有亲、君臣有义、夫妇有别、长幼有序、朋友有信"作为教育的核心内容。西汉以后，随着儒家思想统治地位的建立，道德教育的传统进一步深化发展，至南宋，朱熹提出"先王之学，以明人伦为本"②，再次强调教育的目的就是要教人懂得做人的伦理道德。

传统教育对于德育的重视贯穿于家庭、学校、社会各个方面。古

---

① 语出《论语·尧曰》。
② 语出《朱子语类》卷八。先王是指儒家崇拜的尧、舜、禹、汤、文、武、周公等人。

代的家庭教育有"蒙以养正"的思想,"蒙"是蒙昧的意思,儿童因年龄幼小,尚处于蒙昧无知的阶段,此时,家长应及早对儿童进行正面的教育,使之"善言入耳,终身不忘",为日后的成长打下良好基础,这就是"蒙以养正"。古人有许多"家训"、"家范"等家庭教育的范本,其内容主要为培养儿童良好的行为习惯,掌握正确的礼仪规范,使儿童懂得伦理纲常,树立崇高志向等德育方面的教育。

古代的学校教育主要以儒家经典为教学内容,儒家经典中有许多关于道德的人生信条,如:"立德"、"立功"、"立言"被称作"三不朽","立德"是指道德上的成就,"立功"是指事业上的成就,"立言"是指学术上的成就。在这三者中,"立德"是最重要的,其次是"立功",再其次是"立言"。又如,"修身、齐家、治国、平天下"是儒家推崇的四项人生目标,在这四项目标中,完善自我道德修养的"修身"是达到其他三项目标的前提和基础。类似的道德至上的信条在儒家经典中还有很多,古代的学校教育通过儒家经典的传授,向读书士子灌输此类信条,这就是古代学校的德育。

社会教育是对一般民众的社会教化。古代社会教育的形式多种多样,祭祀天地祖先鬼神、表彰忠孝节烈人物、参加婚丧纪庆活动、创作吟诵诗歌、观看戏曲小说,以及宣讲皇帝圣谕[①]、乡约族规等都属社会教育。古代社会教育的内容主要是宣扬忠孝节义、惩恶扬善、因果报应等思想,它渗透于社会生活的各个角落,与家庭教育和学校教育一起担负着道德教化的作用。

三、求取功名

古代的教育担负着为统治阶级培养人才的任务。中国古代的官

---

① 圣谕　指封建时代皇帝的谕旨。

员选拔大致可分三个阶段，先秦时期是第一阶段，官员的来源主要为子继父职的世袭制；秦汉至魏晋是第二阶段，虽然有了官员选举的制度，但是选官的权力多掌握在贵族和门阀世族①的手中，普通百姓通过教育步入仕途是十分困难的；隋朝至清朝末年是第三阶段，这一阶段的官员选举主要通过科举考试。科举考试把教育和国家考试结合起来，普通百姓也有了读书应考、参加竞争的机会。

科举考试在中国实行的时间长达1300年，历代王朝在考试的科目、时间、等级等规定上各有不同，如唐朝的科举分常科②和制科③两种，其中常科每年举行，考试科目有进士④、明经、明法、明算⑤等多种。宋朝将考试科目合并为进士一科，每三年举行一次考试。明清的科举考

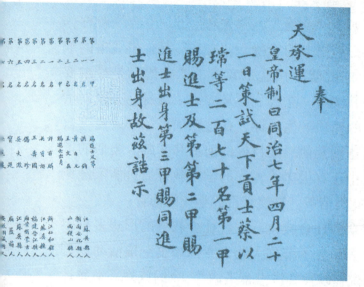

科举榜文

---

① 门阀世族　封建时代的世代显贵之家，存在于东汉至唐朝时期。他们往往世代官居高位，享有特权，其子弟容易步入仕途。

② 常科　科举考试定期举行的常设科目。

③ 制科　由皇帝临时设置的科举考试科目。

④ 进士　科举及第者的称号。隋朝创始科举考试，设进士科，取中者称进士。这一考试科目后为唐宋沿袭，成为科举考试的主流科目。明清由中央组织的正式科举考试分乡试、会试、殿试三级，其中会试合格者称进士。

⑤ 明经、明法、明算　唐代科举考试科目，所考内容分别为儒家经书、法律和算学。

试分院试、乡试、会试、殿试①四个等级，院试合格者称秀才，乡试合格者称举人，会试合格者称进士，殿试第一名称状元，第二名称榜眼，第三名称探花。在科举时代，通过科举考试的成功者被称作得到了"功名"，具有与常人不同的身份地位。获得某些等级的功名可以做官，如明清规定，得到举人功名者即可授官，也可进一步去考进士。

科举制度的实行扩大了人才选拔的范围，使处于社会中下层的百姓有了往上发展的机会，这是一个历史的进步。然而，它也使得社会把获得功名视作受教育者的成就和学业水平的标尺，诱导读书士子往读书、应考、做官的方向发展。在此情况下，教育成了科举的附庸，总是围着科举考试转。唐朝科举考诗赋，刺激了唐诗的兴盛发展；明清科举考八股

进士题名碑

---

① 院试、乡试、会试、殿试 明清科举考试程序，院试在地方各府举行，乡试在省城举行，会试在京城举行，殿试在皇宫内举行。

文①，为应考而作的各种范文便得以畅销。而真正有利于国计民生的科技类实用知识得不到应有的重视。

第三节　中国传统教育思想的精华

中国古代的教育家在长期的教育实践中，积累了丰富的教学经验，在教学理论、教学原则和教学方法上提出了许多有价值的见解，它们是中国传统教育思想的精华。古代教育家很早就已认识到，教学是教师和学生双边的活动，因此，千百年来中国传统教育积累的经验中，既有教师的教学心得，也有学生的学习方法。这些经验都出于教学活动的实践，而且被一代又一代的教师和学生反复证明，其中包含的智慧，不仅是中国文化的宝贵遗产，而且也是世界教育思想宝库的瑰宝。

一、传统教育思想中的教师之道

教师之道是从教师的角度总结教学的经验和方法，中国古代的教育家在教学实践中曾经提出许多很有价值的教学方法，其中主要有因材施教、启发诱导、长善救失、言传身教四条。

因材施教是说教师要根据学生的不同特点采用有针对性的方法进行教育，使学生得到最合适的教益。做到这一点的前提是，教师必须对学生有全面的了解。孔子是最早采用因材施教的方法教学的。《论语·先进》记载，有一次，孔子的学生子路问孔子："听到的是否就该做呢？"孔子回答："有父兄在上，怎可听到就做呀？"而孔子的另一个学生冉有问同样的问题，孔子却回答："自然应该听到就

---

① 八股文　明清科举考试的规定文体，全文分八段，有固定格式，字数也有限定。题目摘自四书五经，所论内容主要根据朱熹的《四书集注》，不可自由发挥。

做。"这件事使孔子的学生公西华产生了疑惑,问孔子为什么同样的问题有不同的回答。孔子告诉公西华,冉有办事不果断,老是退缩,所以要教他果断些,而子路性格勇猛,常常一人兼做两人的事,所以要教他遇事多考虑,听听别人的意见。孔子之后,孟子、朱熹、王守仁等教育家广泛采用这一教学方法。他们反对用一个模式去束缚学生,主张对不同个性和禀赋的学生因材施教。

启发诱导是用启发式的教学方法,启发学生积极思考、自己探究和认识问题。孔子对启发式教学的描述是:"不愤不启,不悱不发"①。其中的"愤"是指"心求通而未得"的状态,"悱"是指"口欲言而未能"的状态。在孔子看来,只有当学生对某问题产生困惑,达到"愤"或"悱"的程度时,去启发开导他才是最好的。孟子也提倡让学生自己思考求得理解,他把启发式教学比喻为"引而不发,跃如也"②。其意是说,教师应是一个拉满了弓不放箭的射手,只作出跃跃欲试的样子,引导学生观摩领会,自己去探索教师提出的问题。

长善救失是《礼记·学记》提出的,意思是教师要发扬学生学习的优点,纠正学生学习的缺点。学生在学习过程中,有"多"、"寡"、"易"、"止"四种缺点,"多"是贪多,不求甚解;"寡"是过少,知识面狭窄;"易"是把学习看得太容易,不刻苦钻研;"止"是对学习缺乏信心,畏难退缩。《学记》提出,学生的这些缺点,"教者必知之"。

言传身教是古代教育家对教师行为的要求。古人在教学实践中深切体会到教师的言行对学生的影响之大。孔子曾说过:"其身正,不令而行;其身不正,虽令不从。不能正其身,如正人何?"③揭示了教

---

① 语出《论语·述而》。
② 语出《孟子·尽心上》。
③ 语出《论语·子路》。

师以身作则，正己正人的重要意义。他还主张用"有言之教"和"无言之教"两种方式去影响、教育学生。孔子的思想在后世得到继承和发扬。汉语中的"为人师表"一词，就是对教师人品的要求。

二、传统教育思想中的学习之道

学习之道是从学生学习的角度总结的经验和方法。古代教育家提出的这方面思想主要有学思并重、温故知新、由博返约、循序渐进四条。

学思并重是针对学习和思考这两个学习的环节提出的要求。孔子首先讲到这个问题，他说："学而不思则罔，思而不学则殆。"[1]这话的意思是：光学习不思考会迷惘而无所得，光思考不学习则是危险的。因此，学习需要学思并重。学思并重的原则为古代教育家一致赞同，一些教育家还进一步发展了这一思想，如孟子说："尽信书则不如无书。"[2]提出了要以怀疑的精神读书思考；黄宗羲提出读书要"穷理"，即要追索、考察书中引用材料的源头。

温故知新也是由孔子最先提出的，孔子说："学而时习之，不亦悦乎！"[3]"温故而知新，可以为师矣。"[4]这两句话讲到了复习和练习对巩固所学知识和发现新知识是十分重要的。后来，朱熹把孔子的这两句话联系起来，提出："时时温习，觉滋味深长，自有新得。"[5]揭示了"时习"在"温故而知新"中的重要作用。

由博返约是有关学习中广博与精约的关系。广博和精约是一对矛盾，古代教育家很重视这一问题的探讨。孔子说："博学于文，约之以礼。"[6]

---

[1] 语出《论语·为政》。
[2] 语出《孟子·尽心下》。
[3] 语出《论语·学而》。
[4] 语出《论语·为政》。
[5] 语出《朱子语类》卷二十四。
[6] 语出《论语·雍也》。

其中的"博学于文"是指广泛涉猎各种知识，"约之以礼"是指在博学的基础上掌握其要义。此是由博返约思想最初的源头。后来，荀子、朱熹等许多教育家都谈到过这一问题。其中，朱熹以两个比喻形象地说明广博与精约的关系。第一个比喻是盖房子，认为高楼大厦只有在开阔的房基上才能盖成，学习好比盖楼，需要广泛吸收各种知识，开阔眼界，这就是广博。第二个比喻是吃饭，他说读书好比吃饭，一味贪多反而嚼不烂，影响消化吸收，对身体有百害而无一利，因此，学习除了广博以外，也要精约。广博和精约两者的关系处理好了，就能学有所成。

循序渐进是说学习知识要逐步积累，不可急于求成。荀子曾以走路和水流比喻这一问题，提出："不积跬步，无以致千里；不积小流，无以成江海。"①说明学习应积少成多、循序渐进的道理。后来，朱熹也以登山来比喻循序渐进地学习，说："学习之法，当循序而有常。""譬如登山，人多要至高处，不知自低处不理会，终无至高处之理。"②这些比喻都生动地表达了循序渐进的学习思想。

中国古代的教育思想虽然距离现代已有数千年了，然而，回顾这些教育思想，对于当代的教育仍然不乏重要的启迪意义。

思考题

1. 中国古代的书院教育和官学教育相比有什么特色？
2. 中国传统教育的文化印记对当代社会有哪些影响？
3. 联系自己的学习谈谈对中国传统教育思想的体会。

---

① 语出《荀子·劝学》。
② 语出《朱子语类》卷八。

第十三章　中国的传统科学技术

中国是世界上最古老的科学和技术文化的发源地之一。在古代，中国科技曾经长期处于世界领先的地位，对人类文明的进步作出过重要贡献，并形成了富有特色的科技文化。中国传统的科技文化是中国文化宝库的重要财富。在今天，源自中国古代科技文化的中医学仍然在现实生活中发挥着积极的作用。

第一节　中国古代科学技术的成就

中华民族是富有创造力的民族，在长期的历史发展中，形成了独具特色的科学技术体系，为人类文明的发展作出过不可磨灭的贡献。

中国古代有众多的科技发明，据统计，属世界首创的发明就有270余项。美国科学史家罗伯特·坦普尔认为："现代世界赖以建立的基本的发明创造，可能有一半来自中国。"[1]中国古代发明影响最大的是史称四大发明的造纸、火药、指南针和印刷术。纸的发明使人类找到

---

[1]〔美〕罗伯特·坦普尔著，陈养正等译《中国：发明与发现的国度》，二十一世纪出版社，1995年。该书介绍了中国古代领先于世界的100项发明。

了一种最为理想的书写材料，对知识的积累产生了巨大的推进作用；火药在军事上、指南针在航海上、印刷术在知识传播上的作用也是极其重要的。英国哲学家弗兰西斯·培根指出，印刷术、火药、指南针这三种东西改变了世界的面貌，"没有一个帝国，没有一个宗教教派，没有一个赫赫有名的人物，能比这三种发明在人类的事业中产生更大的力量和影响"①。马克思则更加敏锐而深刻地称其是预告资产阶级社会到来的伟大科技成就。

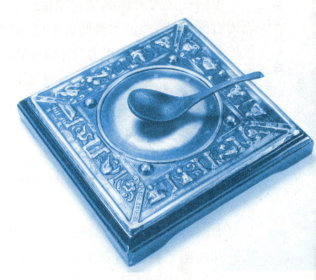

司南（指南针）

中国古代的科学技术涉及天文、数学、农学、医学、地学、化学、物理学、生物学等科学以及建筑、纺织、冶金、机械、车船、兵器、陶瓷、造纸、印刷等技术门类，有许多卓绝的成就。其中科学门类中成就最为突出的是天文、数学、农学、医学四大学科。

中国古代的天文学成就集中于天象记录、天体测量和历法制订等方面。中国有古代世界内容最完整、最丰富、最准确的天象记录，是世界上最早记载太阳黑子、彗星、哈雷彗星、新星、超新星爆发的国家。中国古代对日食、月食、流星雨、日珥等天文现象的观察记录也远远超出世界上其他国家。

---

① 〔英〕弗兰西斯·培根著，许宝骙译《新工具》，商务印书馆，1984年。

中国古代的天体测量起源很早，公元前4世纪已有世界上最早的星表《石氏星经》①，比希腊人依巴谷②测编的西方最早星表要早200年。敦煌发现的唐代绘制的星图标有1350多颗星，是世界上现存古星图中星数最多的。

中国的先秦时代已有历法，春秋后期的四分历③定岁实为365.25日，比欧洲相似的历法要早500年。南宋统天历④和元代授时历⑤定岁实为365.2425日，比地球绕太阳公转一周的实际时间仅差26秒，与现行通用的公历（格里历）精度完全相同，但比格里历分别早了383年和301年。

中国古代的数学成就卓著。中国是最早创立十进位记数法的国家，并发明了数学演算工具——算筹⑥和算盘，用算盘计算的珠算至今仍然具有实用价值。中国古代数学有许多走在世界前列的成果，公元前1世纪，中国人已提出用于直角三角形计算的"勾股定理"⑦。公元3世纪数学家刘徽用"割圆术"⑧算出圆周率为3.1416。公元5世纪，祖冲之算出圆周率在3.1415926和3.1415927之间，并以分数表示圆周率的密率为355/113，1000年之后，德国数学家渥脱才取得同样的成

---

① 《石氏星经》　战国时魏国人石申编写，书中根据天体测量记载了恒星的方位。
② 依巴谷（约前190—前125）　古希腊天文学家。
③ 四分历　古代历法，最早出现于春秋后期，将一年的长度定为365又1/4天，故名四分历。
④ 统天历　南宋制定的历法，庆元五年（1199年）起施行，由杨忠辅创制。
⑤ 授时历　元朝制定的历法，至元十八年（1281年）起施行，由郭守敬创制。
⑥ 算筹　中国古代的计算工具，用若干根长短粗细相同的小棍，纵横排列成算式进行演算。
⑦ 勾股定理　中国古人把直角三角形的短直角边称之为"勾"，长直角边称之为"股"，斜边称之为"弦"。约成书于公元前1世纪的《周髀（bì）算经》记载：西周初年（约公元前1100年），人们已经得出勾、股、弦之间的比例是三股四弦五。后人称此为"勾股定理"。西方同样的结论称毕达哥拉斯定理，相传由古希腊数学家毕达哥拉斯于公元前550年发现。
⑧ 割圆术　古代证明圆面积公式和计算圆周率的方法。由刘徽首先提出。当圆内接正多边形边数逐步增加时，其周长和面积分别逼近圆周长和圆面积。

果。祖冲之的儿子祖暅（gèng）发明用于球体体积计算的"祖暅公理",也领先于欧洲数学家1000年。中国古代的代数学尤其发达,1247年,秦九韶提出的"大衍求一术"（一次同余式解法）和"正负开方术"（高次方程求正根法）比欧洲数学家欧拉和高斯的同类研究要早500年。1248年,李冶提出"天元术",用以解一元高次方程,比欧洲"代数学之父"韦达的同类研究要早300多年。1303年,朱世杰进一步发展天元术,提出解四元高次方程组的"四元术",其成果也比欧洲数学家早400多年。

中国古代以农业立国,农业生产受到重视。历代农学著作约有五六百种,记载了农耕、园艺、畜牧、蚕桑、林业、养殖、农械等多方面的杰出成果。

农耕技术方面,中国在西周时代已发明"三圃制",每年把耕地的1／3用于休耕,依次轮换,以养地力。西汉时出现的"代田法"和"区（ōu）种法",以在田间轮翻利用垄沟播种、深耕、密植、集中有效施用水肥等措施大幅提高农业产量。西汉时还发明了田间选种的穗选法、用肥料处理种子的溲（sōu）种法等农业新技术。北魏时期,贾思勰（xié）在农书《齐民要术》①中提出包括施肥、换茬、复种等技术的绿肥轮作制,欧洲直到18世纪才使用同样的耕作法。

中国古代领先于世界的农业技术还有：温室栽培、套种法种植蔬菜、植物嫁接、禽畜去势催肥②、驴马杂交生骡子、人工低温催青制取生种养蚕③、以杂交法选育优良蚕种等。农械方面,西汉赵过的耧

---

① 《齐民要术》　北魏贾思勰撰著的综合性农书,是中国现存的最早最完整的农书。"齐民"指平民百姓。"要术"指谋生方法。

② 禽畜去势催肥　去势又称阉割,指割除动物的生殖器官,以使动物长肥。

③ 人工低温催青制取生种养蚕　催青指将蚕卵放在适当温度下使其孵化,蚕卵初为透明色,孵化过程中出现青色。

（lóu）车①、东汉杜诗的水排②、三国马钧的翻车③都是闻名于世的卓越成就，其中马钧改进的翻车又名龙骨水车，是近代水泵发明之前世界上最先进的提水灌溉工具之一。

中国古代的医学有突出的成就。现存医学古籍约有8000种，医学史料极为丰富。其中，成书于公元前3世纪的《黄帝内经》④是中医学最古老的典籍，奠定了中医的主要基础理论。汉代的《神农本草经》⑤收载药物365种，是中国最早的药物学专著。东汉张仲景⑥的《伤寒杂病论》⑦提出辨证施治原则，奠定了中医临床学基础。

此后，中医学迅速发展，涌现出许多名医、名著、名方。东汉名医华佗发明"麻沸散"，能为病人麻醉后施行腹部外科手术，是世界上第一个用麻醉药做外科手术的医生。魏晋时期，皇甫谧（mì）著《针灸甲乙经》⑧，对人体穴位和针灸疗法作出系统的整理记录；王叔和著《脉经》⑨，对中医脉学作了深入研究。隋代巢元方的《诸病源候论》，在世界上最先记载了骨伤科清创缝合技术。唐代孙思邈⑩的《千金方》总结和发展了前人的临床经验，对糖尿病、脚气病、夜盲症等许多疾病的认识和治疗都有独到见解。宋代宋慈撰写的《洗冤

---

① 耧车　一种用于播种的农业机械。
② 水排　一种用水力传动的机械（水力鼓风机），使皮制的鼓风囊连续开合，将空气送入冶铁炉。
③ 翻车　一种刮板式连续提水的机械，可用手摇、脚踏、牛转、水转或风转驱动。
④ 《黄帝内经》　中国最早的医学理论典籍，托名于黄帝，实际约成书于春秋战国时期。
⑤ 《神农本草经》　中国最早的药学典籍，托名于神农，实际约成书于东汉。
⑥ 张仲景（约150—219）　东汉末著名医学家。后人尊其为医圣。
⑦ 《伤寒杂病论》　中医的"伤寒"是指瘟疫等传染病在内的外感性疾病，东汉末年，瘟疫流行，张仲景以精湛医术救治病人，并将其经验撰成此书。
⑧ 《针灸甲乙经》　中国现存最早针灸学专著，魏甘露四年（259）皇甫谧撰。
⑨ 《脉经》　中国现存最早的脉学专著，西晋王叔和撰。
⑩ 孙思邈（581—682）　唐朝著名医学家，后人尊其为药王。

录》，是中国和世界上第一部系统的法医学专著，比西方最早的法医学著作要早300多年。明清时期，中医在对温病（传染病）的认识和治疗上有很大发展，还发明了用人痘接种法①预防天花传染。明代名医李时珍撰写的巨著《本草纲目》，收入药物1892种，药方11096个，被誉为"东方医学巨著"。书中对于药物作出的分门别类研究，是当时世界上最科学、最详细的生物分类法。

《本草纲目》

  中国古代的科学技术长期处于世界领先地位，英国著名科学史家李约瑟②评价道："我们必须记住在早些时候，在中世纪时代，中国在几乎所有的科学技术领域，从制图学到化学炸药都遥遥领先于西方。从我们的文明开始到哥伦布时代，中国的科学技术常常为欧洲人所望尘莫及。"

---

  ① 人痘接种　中国古代预防天花病的方法，以患者的痘浆接种于健康人，使其产生免疫力。
  ② 李约瑟（1900—1995）　英国科学史家，长期致力于中国科技史研究，撰有多卷本《中国科学技术史》，系统论述了中国古代科学技术的辉煌成就和其对世界文明作出的伟大贡献。

中国文化概说

近代科学是在欧洲诞生的，但是研究科学史的专家都承认，中国古代科技对于近代欧洲科学的昌明所起的作用是不可低估的，欧洲近代科学的成就中有着中国古代科技的巨大影响。近代科学诞生以来，随着西方文化的传播迅速遍及全球。如今，科学已在世界范围内融合，成为国际性的东西，中国的科技也融入了世界科技发展的潮流。然而，在以西方文化为主流的近现代科技发展中，中国仍保持了若干富有特色的传统科学文化，其中最有系统的是中医学。中医学和西医学有着不同的理论体系，它的经络①、脉学②、舌诊③等论说富有实效，然而现代科学至今未能破解其奥秘；中医的治疗方法注意人体的整体协调，辨证施治，而不是头痛医头、脚痛医脚；中医使用的药物都是天然之物，是人类未来药物开发的巨大宝库；中医还有针灸、推拿等独特的治疗手段，可以使人免

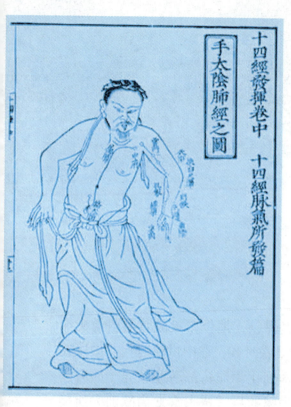

古本针灸穴位图

---

① 经络　中医学名词，人体内气血运行通路的主干为"经"，分支为"络"。经络学说是中医学基础理论的核心之一。

② 脉学　中医诊断学的一项独特方法，以切脉的方式（医生将手指轻触病人手腕部的桡(ráo)动脉或其他部位的动脉），以观察判断人体的病变。

③ 舌诊　中医诊断学的一项独特方法，医生通过观察病人舌头的色泽、形态等变化来辅助诊断。

受药物毒害而得到有效的治疗。总之，现代科技发展中，中医这一中国文化宝贵遗产的价值正日益受到人们的重视。

第二节　中国传统科技的特征

中国传统科技在古代有过辉煌的成果，但是，15世纪后，西方近代科技崛起，中国的传统科技便渐渐落伍了。中国传统科技的落伍固然有科技以外的原因，然而，也有传统科技自身的原因。传统科技落伍的自身原因可从传统科技的特征找到踪迹，以下是传统科技的两个主要特征：

一、注重实际应用，忽视理论探讨

中国古代的科技以实际应用为基本目的，从古人传下的有关科技记载的资料看，多数是对实际应用经验和对自然现象进行的描述，理论方面的探讨极少。中国古代的数学着眼于解决实际的应用问题，没有向抽象思考方向发展。中国古代的天文学应用于国家政治和农业生产。古人认为，天象的变幻预示着人间的祸福，人间发生的动乱、瘟疫、灾害，甚至人事变动等都可在天象中找到印证，因此，古人十分注意天象观察。然而，尽管古代中国有着最为齐全的天文观察资料，却无人对这些资料加以整理、研究。著名的哈雷彗星从春秋年间到1910年共出现31次，古人每次都有记录，可是，古人却从来没有想到过根据这些记录去发现哈雷彗星出现的规律。同样，中国古人很早就已掌握了用胆矾水浸铁片的水法炼铜[①]技术，古人取得铜之后，对于为什么把铁片浸在胆矾（fán）水中可以置换出铜却没有作进一步的研究。

[①] 水法炼铜　利用铜盐溶液里的铜能被铁置换原理的一种化学炼铜法。

中国古代重视科技应用，促进了技术和应用科学的发展，使得中国成为古代世界发明最多的国度。然而，由于中国古代科技只靠经验积累，缺乏理论探究，这使得科学技术难以有突破性的发展提高，因此，迟迟不能迈入近代科技的殿堂。

二、长于整体研究，不重个体分析

中国古人在先秦时形成了"天人合一"、"阴阳五行"等哲学思想，这些思想对古代科技的影响很深。中国古代的天文学把天象与人事相印证，古代的农学认为农业要取得丰收需要顺天时、量地利、用人力，古代的医学认为人体是小宇宙，天地是大宇宙，两者之间有密切的联系。这些论说的背后都有"天人合一"的影子。古代哲学的"阴阳五行"说被中医学大量采用，中医从生理、病理、药理到诊治、处方处处以"阴阳五行"说为指导。

中国哲学的"天人合一"说是把天和人放在一个整体内认识，"阴阳五行"说注意到整体内部各个对立要素之间的联系和转化。在它们的影响下，中国传统科技长于从整体、从联系、从动态功能方面去把握研究对象的性能。然而，对于事物内部各要素进行独立的分析却是中国传统科技的弱项。

中国传统科技擅长从整体上把握研究对象，很早就已认识了资源、环境与人类生存的关系，也注意到了局部疾病与全身的联系，这是整体思维显现的优势。然而，中国传统科技缺少对事物内部各要素的独立分析，没有检测客观事物真相的实验手段，因此，其论说缺乏严密的逻辑推理，显得含糊和神秘。15世纪时，当以科学实验为主导的近代科技在欧洲崛起，而且引领世界的科技潮流后，缺乏实验精神的中国传统科技终于成为了昔日的辉煌。

第三节　中国传统科技在近代落伍的社会原因

中国传统科技在古代相当长的历史时期内处于世界领先的水平，然而，进入明清以后，中国科技渐渐落伍了。中国科技的落伍除了因科技自身的缺陷外，更重要的还在于社会的原因。中国科技落伍的社会原因主要有以下几项：

一、社会观念的影响

中国的封建统治长达两千多年，在漫长的封建社会中，儒家思想是社会的主要意识形态。儒家推崇政治，鄙薄技术，视科学技术为"奇技淫巧[①]"，对社会的价值取向有很大影响。在儒家思想的影响下，做官被认为是最有出息、最受人尊敬的人生道路，而科技类的学问因与官场需要的军国政务无直接关系，不受读书人的重视。隋唐开始，朝廷以科举考试录用官员。科举考试以对儒家经典的掌握程度作为选拔人才的标准，更使读书人把毕生精力用于研读儒家经典，而无心学习科学技术。在学习科技不为人重视的社会背景下，学校老师不愿传授科技知识，读书人也只是将科学研究视为业余爱好，或是在求取功名无望的情况下不得已而为之。如明代的科学家宋应星在五次科举考试未中的情况下才置身科学研究，写出科学著作《天工开物》；明代的医学家李时珍也是在三次参加科举考试未中后转而行医著述。他花费了30年的心血完成了封建时代最伟大的药学巨著《本草纲目》，然而，当他把书呈献给朝廷后，只得到皇帝批示的七个字："书留览，礼部知道。"可见，封建社会里从事科技研究的人员即使有了成果也不被人重视。

[①] 奇技淫巧　指过于奇巧而无益的技艺与制品。

二、封建制度的束缚

封建时代的中国,科学和技术事业大多是官办的,其目的是为了维护封建统治和满足统治者的奢侈需要。一些原本和民众关系密切的科学技术被朝廷所垄断,如,封建帝王出于迷信,认为天文历法和王朝的命运休戚相关,因而严禁民间私自研习,明朝皇帝甚至下令,民间研制历法者要处以死刑。封建统治者为了满足自己的享受,还将一些手工业工艺作为秘技,只许官办手工业作坊掌握。这些制度性的规定严重束缚了科学技术的发展。

此外,封建王朝在"重政轻技①"的观念影响下,给予从事官办科技事业的人员地位和待遇都很低,因此,为官者都鄙薄技术工作,耻于以技术干禄②。

三、小农经济的阻碍

中国封建社会的经济基础是小农经济,小农经济生产简单,对科技的需求不迫切;小农经济还是一种自给自足的经济,对外部世界的需求很少。因此,在小农经济的状况下,无论对内还是对外,都缺少科技发展的强大动力。当然,中国古代也存在一些工商业经济,然而,历代统治者实行的重农抑商政策极大地限制了工商业经济的发展,也阻碍了与工商业有关的科技的进步。因此,中国古代尽管有不少发明创造,但是进步过程是非常缓慢的。中国历史上可以见到有沿用几百甚至几千年而无改进的技术工艺。四大发明虽然源于中国,但是中国并没有因四大发明而步入近代科技的殿堂。

15至18世纪,近代科学技术在欧洲产生并得到迅速的发展。近

---

① 重政轻技 指重视政治,轻视技术。
② 干禄 干,求的意思。禄,指古代官吏的俸禄。干禄意为求取官职。

代科技的产生动力来自于资本主义社会生产的需要。例如，18世纪蒸汽机的发明，就是在资本主义市场迅速发展，手工劳动已不能满足市场需求的背景下出现的。蒸汽机的原理与中国古代发明的水排和风箱①有一定的关系，然而，中国虽然发明了水排和风箱，却没有发明蒸汽机。撇开别的因素，就社会需求来说，中国古代社会没有像资本主义社会那样大幅度提高生产效率的迫切需求，因此，也就不可能发明类似于蒸汽机那样的机械。科学技术的进步归根到底取决于社会的需要，中国古代的小农经济决定了近代科学技术不可能在中国产生。

思考题

1. 为什么说中国古代的"四大发明"推动了世界文明的进步发展？
2. 中国古代的科学为什么以天文、数学、农学和医学最为发达？
3. 中国传统科技在近代为什么会落伍？

---

① 风箱　一种木制的活塞式鼓风器，用人力或水利驱动，可为金属冶炼鼓风。

第十四章　中国文化与中国的现代化

中国文化是中华民族几千年的文明演化汇集而成的,在漫长的历史岁月中,中国文化与外界接触的环境渐次扩大,外来文化的融入对推进文化的更新与发展起了重要作用。当代中国正在进行现代化建设,中国文化在现代化建设中将注入新的时代内容,其与原有文化的优秀成分结合,定能重铸中国文化新的辉煌。

第一节　外来文化的融入与中国文化的变革

人类文化的接触和交换是文化发展的最重要的动因。从人类文明发展的历史来看,古代的亚洲、欧洲、非洲、美洲和澳洲虽然在史前时代就已有人类的分布,但是文明发展程度最快的是亚洲、欧洲和北非。古代亚洲、欧洲和北非的文明发展之所以快,是和这些地区有着相对密切的文化接触和文化交换分不开的。

中国文化也是在与异文化的不断接触和交换中发展壮大的。梁启超[①]在《中国史叙论》中曾把中国的历史发展分为"中国之中国"、"亚洲之中国"、"世界之中国"三个阶段,"中国之中国"的阶段从传

[①] 梁启超(1873—1929)　中国近代思想家、政治活动家,戊戌变法运动的领袖之一。

说中的黄帝到秦朝统一中国;"亚洲之中国"的阶段从秦统一后至清朝乾隆末年;"世界之中国"的阶段从乾隆末年以后开始。梁启超对中国史作的三个阶段划分,形象地道出了中国文化在形成与发展过程中与异文化接触和交换的三个不同的环境。

中国文化所处的第一个环境是在今天的中国境内,起点是新石器时代文化。中国新石器时代的文化遗址数量很多,如满天星斗那样分布各地,然而其主体集中在黄河流域和长江流域及其南北不远的范围内。这些文化之间互有接触和交换,到了公元前3000年左右,出

梁启超

现了像龙山文化①那样的分布地域较广的新石器时代文化。大约公元前2100年开始,以黄河流域为中心的地区率先进入文明社会阶段,在这一地区,相继出现了夏、商、周三个王朝。夏、商、周时期的中国文化具有不少连续存在的共同特征,如:以黍稷稻麦为粮,以丝麻织物为衣,以夯土和木建构相结合的建筑为房,并出现以象形为基础的图形体文字,以礼器②为中心的青铜器制作,以龟卜③和占筮为特征的

---

① 龙山文化　中国黄河中下游地区新石器时代晚期文化。1928年首次发现于山东章丘县龙山镇城子崖,以精美的磨光黑陶为特征。后来,考古学家又在山东、河南、山西、陕西、湖北等地发现同一时期的文化遗存,其文化面貌不尽相同,但都通称为龙山文化。

② 礼器　中国古代贵族在举行祭祀、宴飨(xiǎng)、征伐、丧葬等礼仪活动中使用的器物,是使用者身份、等级、权力的象征物。

③ 龟卜　中国古代一种占卜方法,用火烧灼龟甲或兽骨,根据出现的裂缝来预测事物的吉凶。

巫史文化，以祖先崇拜为核心的宗法文化。它们对于该地区人群形成共同的文化认同心理具有重要意义。

夏、商、周王朝的文化认同范围在和周边民族的接触中逐步扩大。殷商早期，殷人祭祀的上帝只是其本宗族的神，后来，随着殷商统治区域的扩大，祭祀神灵的对象增多了，显示殷商的文化认同心理已由本族向外族扩展。西周王朝取代殷商的统治之后，采用分封诸侯和联姻的办法，进一步包容与接纳外族，使其文化认同的范围更加扩大，形成了华夏文化圈。

春秋战国时期，华夏文化圈再次扩大，连远在南方的楚国也进入了华夏文化圈。这一时期，诸子百家互相争鸣，使中国文化的人文精神得以充实，大大增强了中国人共同的文化心理。

由于华夏文化在当时的中国发展程度最高，它成为中国区域内的主流文化。华夏文化在发展的过程中不断地融合其附近的民族，同时，它也靠吸收周边民族的文化素养壮大自己。在吸收异族的文化素养方面，战国时代赵武灵王"胡服骑射"是一个典型的事例。战国时期，赵国地处北方，经常和北方的游牧民族打仗。赵国属于华夏民族，穿的衣服是长袍宽袖，作战使用步兵和战车，而游牧民族的服装是紧袖短衣和长裤，作战时骑在马上，动作灵活方便。因此，游牧民族和赵国打仗占有优势。赵武灵王为了改变赵国军事的弱势，下令向游牧民族学习，也穿短衣长裤，用骑兵作战。改革之后，赵国成为军事强国。由于当时人把北方的游牧民族称为"胡族"，把他们穿的衣服叫"胡服"，因此，历史上称赵武灵王的改革为"胡服骑射"。

梁启超把"中国之中国"阶段的下限定在秦统一中国，而从中国文化发展的实际情况看，这一下限放在汉朝比较好。因为，中国文化从汉朝开始与域外的文化有了大规模的交流。西汉时张骞通西域和东汉时班超在西域的经营，是中国文化与域外文化交流的事件。佛教在两汉之际传入中国，更是域外文化进入中国的明证。因此，汉朝才是中国文化真正进入"亚洲之中国"的时代。①

在"亚洲之中国"的文化发展阶段，中国文化面对的环境较"中国之中国"阶段开阔得多，这一阶段，中国的中原王朝周围有匈奴、鲜卑、突厥、回纥（hé）、吐蕃、党项、契丹、女真、蒙古、大理、满族等民族建立的政权，在其外围，还有日本和朝鲜半岛、中南半岛列国政权。中原王朝不仅和这些近邻常有交往，和远在南亚和中亚的印度等国也有联系。因此，当时的中国与外界文化的接触和交换的天地大大拓宽了。这一阶段，中国文化在亚洲乃至世界处于领先的地位，中原王朝的威仪为四方各国景仰，来自亚洲各国的使者络绎不绝，各国的侨民也大量移居中国。

"亚洲之中国"阶段的中国文化总体上是向上发展的、开放的、充满自信的，它吸收了大量来自异域文化的素养，将其化为自己的血肉。其中佛教的传入对中国文化的发展起的作用尤为重要，中国的哲学、文学、艺术乃至民俗等众多文化领域都可见佛教的影响。可以说，如果没有佛教的传入，便不会有中古时期中国文化的辉煌。

按照梁启超的说法，"亚洲之中国"阶段的下限是在清朝乾隆末年。然而，从中国文化发展的轨迹看，这一下限放在明朝后期比较合适。明朝后期，来自欧洲的西方传教士大批来到中国传教，他们是鸦片战争后西方文化大举进入中国的先声。西方传教士来华使中国文化面临的环境已突破亚洲的范畴，因此，从明朝后期开始，中国文化实已进入梁启超所说的"世界之中国"的时代。

欧洲的西方文化在人类历史上是第一个进入资本主义的文化，它和中国文化相比是一种"高势能"文化。明朝后期至清朝初年，当西方传教士来到中国时，他们带来的西方科技已经超过了中国，鸦片战

---

① 参见许倬云：《中国文化与世界文化》，第1~8页，广西师范大学出版社，2006年。

争以后,完成现代工业转型的西方文化更是中国文化所不及的。西方文化在鸦片战争后开始全面影响中国,鸦片战争中国战败,给中国人带来了屈辱,但是西方文化的传入带来的新知识、新思想和新的价值观,却给中国人展示了一个与中国固有文化完全不同的世界。

西方文化的传入对中国文化是一个挑战,然而,西方文化的传入也赋予中国文化新的发展机遇。在西方文化的影响下,鸦片战争以来,中国文化出现了自古以来从未有过的巨大变革。

第二节　关于中国文化发展的论争

在西方文化传入中国之前,中国文化遇到的最大的外来文化的冲击是来自游牧民族的文化和来自印度的佛教文化,然而,两者都被中国文化所消化吸收。中国历史上,北方的游牧民族曾经多次入主中原,征服汉民族。在异族的统治下,汉人虽然在服饰、饮食等方面受到统治者的影响,但是其思想、价值、信仰等文化核心的东西没有改变,而且不用多久,异族统治者就会被汉人的文化所同化。入主中原的游牧民族之所以会被汉民族的文化同化,是因为两者地缘较近,都源于东亚大陆的生态环境,在文化上有着相当的同质性和互补性。而且,游牧民族的文化发展水平较低,对发展程度高的汉文化素有仰慕之心。因此,游牧民族虽然能征服汉民族,但是反而被汉文化同化。来自印度的佛教文化与中国文化虽然有较大的地理差距,但是,佛教的精神和中国道家的老庄思想比较接近,两者都有出世或遁(dùn)世①的味道。因此,佛教和中国文化也有内在的精神联系,这是佛教

---

① 遁世　指避开世俗之事,隐居。

传入中国后能被中国文化接纳和消化的基本原因。

中国文化善于容纳外来文化，使其依附在自己的文化体系之下，显示了中国文化具有强大的包容力。然而，当中国文化进入"世界之中国"的发展阶段，面临西方文化这样一个外来文化时，却失去了以往的从容和自信，遇到了前所未有的困境。

中国文化遇到困境是基于三个方面的原因：

第一，中国文化在历史上长期居于领先地位，以往遇到的外来文化不是逊于中国文化，就是与中国文化相去不远的。长期以来，中国在政治、经济、文化各方面比周边国家发达，使得中国人对自己的文化自视极高，认为中国是处于天下之中的"天朝大国"，具有世界上最优秀的文化，而把其他民族的文化视之为落后的"蛮夷"文化。但是，近代以来进入中国的西方文化不是以往中国所遇到的那种情况。西方文化是一种充满生机和活力的高势能文化，它在资本主义扩张的同时，迅速向全世界传播，成了世界的主导文化。在西方文化的入侵下，中国文化原有的自视为中心的观念受到严重挑战。

第二，中国文化与西方文化的基本精神有很大差别，中国文化重视伦理关系，西方文化偏重人权平等；中国文化强调集体观念，西方文化突出个人奋斗；中国文化讲究天人合一，西方文化崇尚征服自然；中国文化依靠人情脉络，西方文化倚重法律治世；中国文化宣扬重农抑商，西方文化赞成重商主义；中国文化鄙薄科学技术，西方文化倡导科学实验。中国文化和西方文化存在的巨大差异，不是对中国文化进行小修小补能够解决的。因此，在西方文化面前，中国文化未能显现其原有的同化其他文化的优势。

第三，中国人是在遭受西方的侵略，国家独立和民族生存受到严重威胁的时候面对西方文化的。西方的侵略使中国蒙受屈辱，但是，国家、民族的生存危机又迫使中国人向西方学习，这是近代中西文化冲突中的一个矛盾。近代中西文化冲突的另一个矛盾是，中西文化在许多方面是对立的，中国要学习西方，必须对自己的文化传统进行反省，要在破坏旧文化的基础上才能重新构建中国的新文化。因此，近代以来，中国文化面临破坏与重建的双重任务。

由于上述种种原因，当中国进入"世界之中国"的阶段，面临西方文化的挑战时，有一种失落、迷惘的感觉，人们徘徊在学习与选择的十字路口，对文化的发展方向多次进行激烈的论争。

鸦片战争以来，关于中国文化的论争主要发生在洋务运动、戊戌变法至辛亥革命、五四新文化运动、20世纪80年代等几个重要的历史关口。洋务运动是清政府内部的洋务派官员发动的一场发展近代工业的社会改革，它遭到清政府内另一部分顽固派官员的反对和阻挠。洋务派认为，中国的纲常伦理、道德教化是优于西方的，所差的只是科学技术比西方落后，因此，应当在保留中国文化的"纲常名教"不变的情况下，学习西方先进的科学技术。这一思想后来被概括为"中学为体，西学为用"。洋务派的观点遭到顽固派的反对。顽固派坚持中国文化的传统价值判断，认为中国文化是世界上最优秀的，别的民族的文化都不如中国，向西方学习是在"用夷变夏"，把先进落后颠倒了。他们还提出，西方的科学技术只是"奇技淫巧"，不必学习，只要内修明政，就可战胜强敌。在洋务派和顽固派的这场论战中，顽固派的思想保守迂腐，洋务派代表了当时中国人的先进思想，但是洋务派只愿学习西方文化的物质层面的东西，在制度和精神层面上还是坚持中国固有的文化。

戊戌变法至辛亥革命时期，中国人向西方学习的眼光由物质层面发展到制度层面。当时，一些进步的中国人开始认识到，要改变中国社会的落后状况，单靠引进科学技术，发展近代工业是不够的，还需要学习和引进西方的政治制度。学习、引进西方的政治制度就要改变现有的政治制度。在戊戌变法中，维新派提出学习西方的君主立宪制，这是一种温和的政治改良办法，但是失败了。戊戌变法失败后，革命派和由维新派发展来的改良派开展了一场文化论争。论争的分歧在于,要不要进行反清革命,要不要实行民主共和。改良派害怕革命会产生暴力恐怖,及引来帝国主义的干涉,导致亡国,主张中国社会必须经过"开明专制"和"君主立宪"等阶段,才能达到民主共和。革命派则认为,民主共和是大势所趋,人心所向,中国唯有通过暴力革命,建立民主共和的国家,才能获得民族的解放和社会的进步。后来,革命派发动辛亥革命,最终用暴力的手段推翻了满清政府,建立了资产阶级共和国。辛亥革命的胜利表明,中国文化和西方文化的接触已经深入到制度的层面。

五四新文化运动是中国文化精神层面的一场革命,在这场运动中,一些激进的知识分子提出"打倒孔家店"①的口号,把批判的矛头直指中国传统文化的核心——儒家思想。他们还提出了"民主与科学"的口号,要以民主科学的新文化扫荡纲常伦理的旧文化。"民主与科学"是西方文化的精神,五四新文化运动提出这一口号,显示了中国人已意识到向西方学习需要深入到精神文化的层面。五四新文化运动开展了关于东西方文化问题的论战,论战的主要方面是比较东西方文明的优劣,以及讨论东西方文化能否调和。论战中出现了保守主义的、激进主义的、自由主义的三种文化思潮。保守主义文化思潮的赞同者持有本土文化的情结,认为应当肯定中国传统文化的价值,他们沉潜于"国学"的研究,探求对传统文化作出新的诠释;激进主义文化思潮的赞同者彻底否定以儒家思想为代表的传统文化,他们把儒家思想视作封建文化,主张用西方的"民主与科学"来与之抗衡,其中一些人提出了"全盘西化"的观点;自由主义文化思潮的赞同者站在保守主义和激进主义的中间,他们崇尚西方文明和自由主义,但是

---

① "打倒孔家店" 五四新文化运动时提出的口号,旨在批判封建时代占统治地位的儒家思想。

在国学研究方面也倾注了热情。五四新文化运动最终是激进主义文化思潮的赞同者以压倒性的革命的话语权取得了中国思想领域和政治领域的领导权。

20世纪80年代，正当中国结束了"文化大革命"之后不久，思想文化界又出现了一场文化研讨的热潮。造成80年代"文化热"发生的原因很多，其中有对中国造成巨大灾难的"文化大革命"进行的反思，有对正在陆续开展的现代化建设的文化支持，有受到当时世界其他各国文化研讨热的影响，从更广阔的时空范围来看，它还是五四新文化运动开始的那场文化论争的继续。如同五四新文化时期的文化论争一样，80年代的文化论争也涉及对东西方文化的理论探讨，它从多维视野的角度反省中国文化，提出各种不同的文化观点，其中有主张复兴儒学的，有主张全盘西化的，有主张"西体中用"的，也有主张推倒重来的，但是，论争的主导意见是中国必须坚持在马克思主义指导下重建中国文化。在这次文化论争中，以传统文化为中心的"国学"研究出现热潮，形成哲学、文学、历史学、政治学、社会学、经济学、法学、伦理学、教育学、心理学等各门人文社会学科互相配合、共同研究文化的局面。文化研究的热潮还突破了高雅文化的范围，扩展到大众文化的领域，在旅游文化、服饰文化、饮食文化、企业文化、校园文化等许多方面进行关注和研究，取得不少成果。

鸦片战争以来发生的有关中国文化发展的这几场论争，是中国文化在向现代性转型的过程中出现的，它见证了中国文化的转型从物质层面进入制度层面继而又进入精神层面的过程，记录了近一百多年来中国文化发展的重要轨迹。

第三节 传统文化在现代化建设中的作用

　　文化的发展得益于外来文化的融入。中国文化的发展历程证明，不同文化之间的接触和碰撞能促使文化内部产生新的变化因素，导致文化的进步与发展。中国文化在古代曾经有过辉煌的历史，她在与异文化的接触与碰撞中，善于吸取来自异文化的养料，将其融汇于自己的文化体系，使其成为自己文化的组成部分。

　　近代以来，中国文化与西方文化发生接触与碰撞。西方文化是代表近代工业文明的高势能文化，由于中西文化的接触与碰撞，中国社会在物质、制度和精神等各个领域都出现了前所未有的进步，中国文化的发展也因此进入新的历史阶段。

　　中国文化发展的新的历史阶段被称之为文化的转型期，这个称号的来历是因为这一时期的中国文化面临传统文化与外来文化互相交织的错综复杂局面，中国文化需要在整合传统文化和外来文化的基础上，产生一个新的飞跃。中国传统文化有着几千年的发展和积累，是一种相当成熟、相当稳定的文化形态，近代以来，中国社会面临西方文化汹涌而入的局面，然而，传统文化并未退出历史舞台。传统文化存在的表现是多方面的。如：近代以来的文化论争中，无论"中体西用[①]"、"西体中用"、还是现代新儒学的"援西学入儒"，都要求把传统文化置于为当时或未来社会进行的文化设计中，与此相对照的是，五四新文化运动和80年代的"文化热"中两度提出的"全盘

[①] 中体西用　为"中学为体，西学为用"的缩略语。

西化"说一出台就遭到许多斥责和批判;又如:近代以来的中国社会虽然受到很多西方文化的影响,但是传统文化的影响还是随处可见,传统文化不仅在中医、国画、京剧之类可见的显性文化中表现出来,而且还存在于人们的思维方式、价值观念、情感取向等隐性文化中;再如:五四新文化运动和80年代的"文化热",都有对"国学"研究的关注,人们之所以关注"国学",是出于对传统文化不舍的情结,在"国学"研究热发生的同时,传统文化还与影视、广播、文学、戏曲等形式结合,成为通俗文艺的重要组成部分,影响着社会的广大民众,因此,近代以来的中国社会中,包括马克思主义在内的西方传入中国的文化虽然在起主导作用,但是,传统文化的作用依然不可忽视。

中国的传统文化和西方文化有很大的不同,在当今世界,西方文化是世界的主导文化,但是中国传统文化中有许多西方文化没有的东西,对于人类社会的发展有重要的价值。例如:中国传统文化长于整体思维和直觉思维,西方文化偏重机械的逻辑推理。当今世界的科技发展进入信息时代,科学研究已深入微观和宏观的领域,科学家单凭机械的方式对研究对象进行分析处理已远远不够,需要对研究的对象进行整体把握、直觉发现,进而在此基础上进行逻辑论证。中国传统文化的整体直觉思维正好与现代科技的这一需要相适应。又如:中国传统文化有"天人合一"的思想,把人和自然看成是和谐相处的统一体,西方文化认为,人和自然是对立的,人要努力地去征服自然。在西方文化征服自然的思想指引下,过去数百年来,人类对于地球过度索取,已出现环境破坏、资源浪费、污染严重等现象,妨碍人类的可持续发展。中国传统文化的"天人合一"思想对于此弊端的纠正无疑是一剂良药。再如:中国传统文化提倡和谐相处、和而不同①、和衷共济②，主张把"仁爱"的精神作为文化的基础和追求目标，这给当今世界处理人与人、人与社会、民族与民族、国家与国家之间的矛盾提供了解决的思路。

当然，中国的传统文化也存在许多弊端和糟粕。由于中国传统文化是植根于农业社会的文化，同时，中国传统文化又是萌发于血缘宗法制的社会，这就给传统文化带来了先天性的缺陷。中国历史上存在的人治大于法制、拉关系、走后门、裙带风、官本位③、家长制、一言堂④等种种阴暗落后的社会现象都和传统文化有着不解之缘。因此，五四新文化运动以来的文化论争中，激进主义的文化论者每每提出全盘否定传统文化的观点。然而，传统文化其实是精华与糟粕并存的，我们不能在倒洗澡水的同时把澡盆中的婴儿一起倒掉。况且，传统文化的落后的东西也不是说抛弃就能抛弃的。近代以来，中国社会经历了无数动荡，一次次的革命运动冲击和荡涤着传统文化落后的污泥浊水。但是，革命运动未能从根本上彻底清除传统文化中落后的东西，只要一有机会，它们往往死灰复燃。

近代以来的中国社会是中国历史上继春秋战国之后第二个思想最为活跃的时期，在这一历史时期，各种思想、各派学说相互作用，一些原本属于传统文化的思想在时代的感召下得到新的诠释和转换。如忧患意识、变易观念、夷夏之辨、民本主义等传统文化的思想，对于

---

① 和而不同　原句为"君子和而不同，小人同而不和"，语出《论语·子路》。意为君子能和他人关系和谐融洽，但有自己的独立思考。小人虽无独立见解，却不能和他人和谐融洽。

② 和衷共济　"衷"是内心，"济"是渡河，大家齐心一致，共同渡过江河。比喻同心协力，克服困难。

③ 官本位　指以当官者的利益和意志为出发点的思想意识和社会现象。

④ 一言堂　指领导一个人说了算，缺乏民主作风。

近代民族救亡的意识、变法图强的精神和革命思想的产生具有促进作用，近代民族主义、民主主义思想的产生也和这些传统文化的精神有关。因此，传统文化并不是一成不变的，其中的优秀成分经过创造性的转化完全可以成为现代化建设的有利资源。

现代化是伴随资产阶级革命和科学技术革命出现的生产工业化和文化现代化运动，它肇始于17—18世纪的英国和法国，19世纪，扩展到欧洲大部分地区和北美。20世纪60年代后，现代化的潮流几乎波及世界各个地区。如今，中国正在进行大规模的现代化建设，文化建设是中国现代化建设的必由之路。中国的传统文化中可以与现代化相融合的内容是很多的，如"克己奉公"、"己所不欲，勿施于人"①、"诚信"、"勤俭"的社会伦理道德，"孝敬父母"、"尊老爱幼"的家庭伦理道德，"富贵不能淫，贫贱不能移，威武不能屈"的人格意识，"先天下之忧而忧，后天下之乐而乐"②的社会责任感，"天下兴亡，匹夫有责"的爱国主义精神等都是传统文化的精华，它们内含的价值观不仅适用于过去，也适用于现在和将来，是中国现代化进程中不可丢弃的文化瑰宝。

世界上任何国家的现代化都不可能建立在完全否定本国民族文化的基础之上，中国的现代化也是如此。中国在现代化建设中需要引进吸收世界上其他国家、其他民族的优秀文化，但是，不能抛弃自己的优秀文化。中国的传统文化是肇始于过去，融透于现在，影响于未来的文化，是现代中国建设新文化的重要基石。对于传统文化需要抛弃

---

① "己所不欲，勿施于人" 其意为自己不愿做的事情，不要强加给别人。语出《论语·颜渊》和《论语·卫灵公》。

② "先天下之忧而忧，后天下之乐而乐" 其意为在天下人忧愁之前先忧愁，在天下人快乐之后再快乐，表现出忧国忧民、先人后己的高尚品格。语出北宋范仲淹《岳阳楼记》。

其糟粕，保留其精华，充分发挥其在现代化建设中的积极作用，相信经过若干代人的努力，一个更加光辉灿烂的中国新文化将出现于世界的东方。

思考题

1. 外来文化的传入对于中国文化的发展有什么影响？
2. 你是怎么看待近代以来关于中国文化的论争的？
3. 中国传统文化对于现代化建设有何积极作用？

主要参考书目

1. 冯天瑜、周积明著：《中国古文化的奥秘》，湖北人民出版社，1986年。
2. 葛兆光著：《道教与中国文化》，上海人民出版社，1987年。
3. 张文达、高质慧编：《台湾学者论中国文化》，黑龙江教育出版社，1989年。
4. 焦国成著：《对中国传统文化反思的反思》，上海人民出版社，1990年。
5. 汤一介主编：《中国宗教：过去与现在》，北京大学出版社，1992年。
6. 徐仪明、陈江风、刘太恒主编：《中国文化论纲》，河南大学出版社，1992年。
7. 熊铁基主编：《传统文化与中国社会》，华中师范大学出版社，1993年。
8. 李中华著：《中国文化概论》，华文出版社，1994年。
9. 张岂之主编：《中国传统文化》，高等教育出版社，1994年。
10. 张岱年、方克立主编：《中国文化概论》北京师范大学出版社，1994年。
11. 冯天瑜著：《中国文化史纲》，北京语言文化大学出版社，1994年。
12. 沈锡伦著：《中国传统文化和语言》，上海教育出版社，1995年。
13. 商聚德、刘荣兴、李振纲主编：《中国传统文化导论》，河北大学出版社，1996年。
14. 臧宏、张海鹏主编：《中国传统文化论纲》，安徽教育出版社，1996年。
15. 王玉德、邓儒伯、姚伟均主编：《中国传统文化新编》，华中理工大学出版社，1996年。
16. 周振鹤主著：《中国历史文化区域研究》，复旦大学出版社，1997年。
17. 毕诚著：《中国古代家庭教育》，商务印书馆，1997年。
18. 程裕祯著：《中国文化要略》，外语教学与研究出版社，1998年。

19. 钟敬文主编：《民俗学概论》，上海文艺出版社，1998年。

20. 韩鉴堂编著：《中国文化》，北京语言文化大学出版社，1999年。

21. 冯天瑜、杨华著：《中国文化发展轨迹》，上海人民出版社，2000年。

22. 吕振羽著：《史前期中国社会研究》，河北教育出版社，2000年。

23. 李申著：《中国儒教史》，上海人民出版社，2000年。

24. 张蓉等著：《中国文化的艺术精神》，西安交通大学出版社，2001年。

25. 许光华主编：《中国文化概要》，汉语大词典出版社，2002年。

26. 顾伟列著：《中国文化通论》，华东师范大学出版社，2005年。

27. 李土生著：《中国传统文化散论》，中国社会出版社，2005年。

28. 申小龙著：《汉语与中国文化》，复旦大学出版社，2005年。

29. 王震中著：《中国古代文明的探索》，云南人民出版社，2005年。

30. 胡兆量等著：《中国文化地理纲要》，人民教育出版社，2005年。

31. 庞丽娟主编：《文化传承与幼儿教育》浙江教育出版社，2005年。

32. 许倬云著：《中国文化与世界文化》，广西师范大学出版社，2006年。

33. 唐君毅著：《中国文化之精神价值》，江苏教育出版社，2006年。

34. 李少林主编：《中国文化史》，内蒙古人民出版社，2006年。

35. 王小甫、范恩实、宁永娟编著：《古代中外文化交流史》，高等教育出版社，2006年。

36. 彭付芝主编：《中国传统文化概论》，北京航空航天大学出版社，2007年。